Schlochauer Platt
Eine Mundart aus dem
ehemaligen Westpreußen

Meinen Eltern und meinem Bruder gewidmet

Sie haben das Jahr 1945 nicht überlebt

Unsere Vorfahren lebten in der Umgebung von Schlochau. Als Geburtsorte sind Blumfelde, Kaldau, Lindenberg, Platendienst, Prechlau und Waldau in den Dokumenten angegeben.

Schlochauer Platt

Eine Sprache meiner Eltern

Mit sieben Geschichten von Kunibert Schmantek

Siegfried Splett

Holzgerlingen · Juni 2007

Bibliografische Information Der Deutschen Biliothek:
Die Deutsche Bibliothek verzeichnet diese Publikation
in der Deutschen Nationalbibliografie;
detaillierte bibliografische Daten sind im Internet
über `http://dnb.ddb.de` abrufbar.

Herstellung und Verlag: Books on Demand GmbH, Norderstedt

Printed in Germany

ISBN 978-3-8334-8254-0

Inhalt

Einleitung

Wenn ich meine Eltern Platt sprechen hörte, so hatte ich den Eindruck, dass ich alles verstand. Für mich war auch klar, Eltern sprechen Hochdeutsch und Platt, Kinder sprechen nur Hochdeutsch.
Hierzu passt diese Geschichte. In meiner Nähe wohnte ein Ehepaar, er ist Deutscher, sie Französin. Als sie einmal nach Frankreich fuhren, stellten sie fest, dass ihr dreijähriger Sohn mit Männern deutsch und mit Frauen französisch sprach.

Uns Kindern wäre es wohl ähnlich ergangen, wenn Mutter mit uns nur Platt und Vater nur Hochdeutsch mit uns gesprochen hätte. Aber sie haben anders entschieden. Vater und Mutter haben das Schlochauer Platt noch von ihren Eltern gelernt. Und sie haben es in ihren Familien auch täglich gesprochen.

Mein Vater erzählte mir von einer Gerichtsverhandlung, in der ein Richter einen Dolmetscher hinzuziehen musste, weil er einen Zeugen, der nur Platt sprach, nicht verstand. Der Richter stammte aus dem niederdeutschen Sprachraum. Heute meine ich zu wissen, welche Hindernisse auch einem Sprecher des Niederdeutschen den Zugang zu unserer Sprache erschwerten.
Dieses Buch soll das Kennenlernen unserer Plattdeutschen Sprache ermöglichen. Ich möchte die Reste, die in mir nachklingen, zumindest schriftlich sichern.

Wie kann man unser Plattdeutsch schreiben?

In ihrer **Niederdeutschen Grammatik** [Lit. 1,21] stellen die Herren,

Wolfgang Lindow (Bremen)	Dieter Stellmacher (Göttingen)
Dieter Möhn (Hamburg)	Hans Taubken (Münster)
Hermann Niebaum (Groningen)	Jan Wirrer (Bielefeld)

fest, das eine einheitliche Schreibung des Niederdeutschen fehlt. Sie benutzen für das Nordniederdeutsche eine Darstellung, die den Saßschen Regeln folgt. Für das Münsterländische übernehmen sie die dort übliche Schreibweise. Zusätzlich zeigen sie Beispiele in der sogenannten »Bremer Schreibung« [Anm. 1.]

Ihr Ziel ist, den heutigen Sprechern, die einen sicheren Umgang mit der niederdeutschen Sprache suchen, die wichtigsten Kenntnisse über Lautung und Schreibung zu vermitteln.

In meinem Aufsatz bemühe ich mich, die Sprache des Schlochauer Landes aus der Tiefe der Vergangenheit hervor zu holen. Die heutigen Sprecher des Niederdeutschen können mit einer lockeren Führung durch die Schrift auskommen. Sie können das Fehlende aus der gesprochenen Sprache ergänzen.

Ich habe es mit einer vergangenen Sprache zu tun. Um der Aussprache so nah wie möglich zu kommen, kann ich mich nur auf Zeugnisse der Vergangenheit stützen. Mir sind drei Arbeiten bekannt, die sich schon vor 1930 mit unserer Heimatsprache befasst haben.

Dazu kommt eine Reihe von Veröffentlichungen der Nachkriegszeit, in denen Erzählungen in unserer Sprache aufgezeichnet wurden.

Eine Quelle besitzen wir im Band 56 der Deutschen Dialektgeographie von 1965. In diesen Band ist **Die Bublitzer Mundart** von Fritz Tita Lit. 2, 35 aufgenommen worden.

Bei Fritz Tita, Dissertation 1921, lernen wir, dass die Stadt Baldenburg und einige Orte der Umgebung schon zum Bublitzer Sprachgebiet gehören. Fritz Tita nennt als Beispiele die k- und g-Laute, die in der Schlochauer Mundart und in der Koschneiderei erweicht werden. Er schreibt auch, dass im Südosten ⟨s⟩ Anm. 2 im Anlaut vor ⟨l, m, n, p, t, w⟩ erhalten bleibt. Nur die Orte Schönberg, Baldenburg, Briesnitz, Grabau und Gr. Wittfelde im Kreis Schlochau seien davon ausgenommen. In diesen Orten wird ein ⟨sch⟩ gesprochen.

In seinem Beitrag **Grenzmärkische Mundarten** schreibt Eduard Koerth Lit. 3, 240 auch von der Koschneiderei Anm. 3. Mit seinen Worten:

… Ein treues Spiegelbild des Zusammenströmens der Bewohner in den Kreisen Schlochau und Flatow aus verschiedenen deutschen Gegenden ist die Mundart, das sogenannte „Koschneidersch". Sie ist ost-niederdeutsch, d. h. sie läßt wie alle plattdeutschen Mundarten östlich der Oder das n der Silbe en abfallen: lachen = lache'. Charakteristisch westfälisches Erbteil ist darin die sogenannte Brechung. Jedem langen u geht ein kurzes i, jedem langen o ein kurzes e (ä) voraus: Hus, Mus = Hius,

Mius; Schol Koh = Scheol, Keoh.

Die Arbeit von Maria Semrau **Die Mundart der Koschneiderei** Lit. 4 erschien im Jahre 1915.

Der schmale Band, den ich heute besitze gehört zu den Glanzstücken meiner Bibliothek. Frau Semrau hat mit ihrer Arbeit eine gute Grundlage für meine Arbeit hinterlassen. Sie hat von rund fünfzig Wörtern die Schlochauer Auspreche angegeben.

Frau Semrau hat die zehn Orte: Abrau, Damerau, Deutsch-Cekzin, Franhenhagen, Görsdorf, Granau, Lichnau, Osterwik und Petztin als die Orte der Koschneiderei bezeichnet. In diesen Orten wurde die gleiche Mundart mit nur geringen Abweichungen von Dorf zu Dorf gesprochen. Die eingeborenen Koschneider nannten sich selbst »Koshnäawjes«.

Um einen Eindruck von unser Heimatsprache vermitteln zu können, habe ich nach brauchbaren Texten gesucht. Ich bin auf die Geschichten gestoßen, die *Lüchting Kadl* im gemeinsamen Mitteilungsblatt für die Kreise Schlochau und Flatow in den Jahren 1954 bis 1957 veröffentlicht hat.

Wer war dieser »Lüchting«? Ein seltener Name. Die CD-ROM *Das Telefonbuch* Lit. 5 weist nur einen Teilnehmer aus. Das Wort *Lüchting* hatte in unserer Heimat eine breite Anwendung, von liebevoll bis ärgerlich. In der Geschichte »Der Salzhering« sagt der Angler zum Beispiel: „Du hast mir einen übermütigen Streich gespielt — du Lüchting, du Gewitterhund".

Hat hier jemand ein Pseudonym benutzt?

Ein Satz in unserem Mitteilungsblatt Lit. 6, 49 deutet daraufhin: ... Unser Landsmann Schmantek aus Pollnitz besingt im Schlochauer Platt sein geliebtes Meßtischblatt, das für die Schadensfeststellung aller Landsleute, die Grundbesitz hatten, von größter Wichtigkeit sein kann.

Lüchting Kadl erwähnt in seinen Geschichten das Dorf Pollnitz. Und *Kunibert Schmantek* schreibt, dass das Haus seiner Familie auf dem „Meßtischblatt Pollnitz" zu erkennen ist.

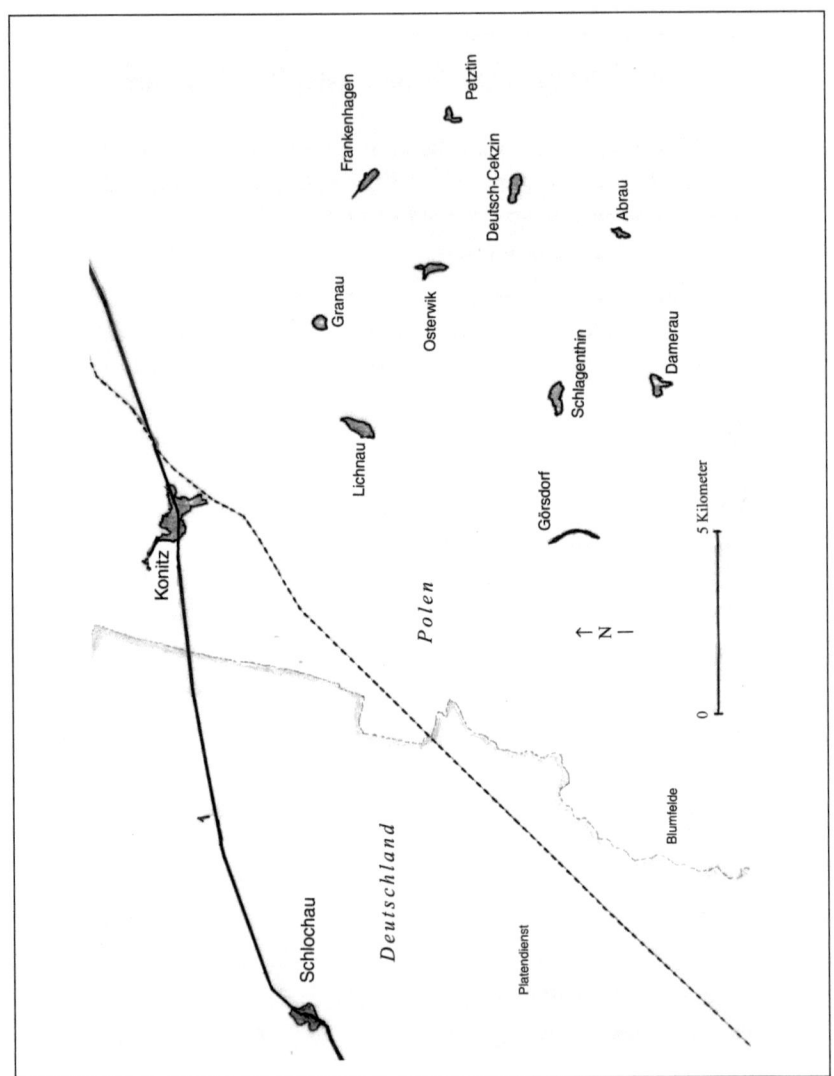

Bild 1: Die Koschneiderei
: Die Städte Schlochau und Konitz lagen an der Reichsstraße 1. Sie
: gehörten bis 1920 zur Provinz Westpreußen. Die Stadt Konitz war
: seit 1873 Bahnstation der Eisenbahnlinie Schneidemühl – Dirschau.

Einleitung

Meine Suche nach *Kunibert Schmantek* begann. Von Landsleuten erfuhr ich, *Kunibert Schmantek* ist schon gestorben. Aber er hatte eine Schwester, die wohnt in Velbert. Ich habe mit ihr und ihrem Sohn gesprochen. Vom Sohn erfuhr ich die Telefonnummer seiner Tante, der Frau von *Kunibert Schmantek*.

Frau Ursula Schmantek hat mir von Ihrem Mann erzählt.

Kunibert Schmantek wurde 1928 geboren. Er hat das Kriegsende nicht mehr in der Heimat erlebt. Denn mit sechzehn Jahren schon holte ihn die Kriegsmarine von der Schulbank in Schlochau. Nach dem Kriege kam er nach Velbert. Seine Schwester hatte 1943 nach Velbert geheiratet. Hier in Velbert kam die Familie wieder zusammen. Der Vater Kuniberts konnte seinem Sohn noch viel von der Heimat erzählen.

Kunibert beschäftigte sich mit Unterstützung seines Vaters ausführlich mit unserem Schlochauer Platt. Er veröffemtlichte 1956 das Gedicht „Wann kommt die Zeit" unter dem Namen *Lüchting Kadl*. Denkt man an dieses Jahr zurück, so kann man gut verstehen, dass der Gedanke an die Rückkehr in die Heimat ihn sehr bewegte — wann werden wir heimkehren? Eine Frage, die sich damals sehr viele immer wieder stellten. Im Jahre 1974 wird das Gedicht als Geleit in unser Heimatbuch aufgenommen. Hier aber unter dem richtigen Namen des Verfassers.

Dann im Jahre 1975 nimmt ein tragischer Unfall *Kunibert Schmantek* aus dem Leben.

Frau Ursula Schmantek hat mich ermuntert, dieses Buch zu veröffentlichen. Ihr Sohn Christoph hat mir geschrieben: „Ich möchte Sie ausdrücklich ermutigen, die Werke meines Vaters zu publizieren."

Laut und Schrift

Für jeden Sprachlaut des Schlochauer Platt soll ein eigenes Zeichen geschrieben werden. Es gibt drei Möglichkeiten:

1. Eine Lautschrift Anm. 4 wird benutzt. Heute sind die Zeichen des »International Phonetic Alphabet (IPA)« Lit. 7, 159 im Gebrauch. Diese Schrift eignet sich nicht zum Schreiben von Büchern. Es sind zu viele Sonderzeichen vorhanden.

2. Es werden bestimmte Buchstabenfolgen einem Laut zugeordnet. Beispiel: Wir schreiben ⟨sch⟩ und sprechen den Laut im Wort »Schule«. Damit gelingt es aber nicht, alle kurzen Vokale mit nur einem Buchstaben wiederzugeben.

3. Meine Lösung ist, das einfache Alphabet durch einige Sonderzeichen zu ergänzen. Ich entnehme aus dem Vorrat von ISO-8859-1 Anm. 5 diese Zeichen: á – ê – î – ô – ø – û
Diese Lösung hat auch den Vorteil, dass Texte in HTML geschrieben werden können.

Die Vokale

W a sser	[a]	K o st	[ɔ]	m ö blieren	[ø]
K ä lte	[ɛ]	K o pie	[o]	K ü rbis	[ʏ]
l e gal	[e]	F u tter	[ʊ]	B ü ro	[y]
B i tte	[ɪ]	K u lanz	[u]	Lag e	[ə]
b i när	[i]	k ö nnen	[œ]	Vat er	[ɐ]

Tabelle 1: Die IPA-Zeichen für die Vokale

Die Bildung der Vokale wird von der Lage der Zunge beeinflusst. Bei dem Vokal ⟨i⟩ wölbt sich der vordere Teil der Zunge zum harten Gaumen auf. Die Lippen sind leicht gespreizt. Beim Vokal ⟨a⟩ flacht sich die Zunge ab. Wenn der hintere Teil der Zunge sich zum weichen Gaumen wölbt, entstehen die dunklen Vokale ⟨o⟩ und ⟨u⟩. Die Lippen sind gerundet.

Mit einem künstlichem Gaumen kann man die Stellen erkennen, an denen die Zunge den Gaumen berührt. Wird ein ⟨e⟩, wie in ⟨legal⟩, gesprochen, so ist die Berührungsfläche größer als bei dem ⟨e⟩ des Wortes ⟨Leck⟩. Es ist üblich die Vokale, die eine große Fläche zeigen, geschlossene Vokale zu nennen. Vokale mit kleiner Berührungsfläche werden offene Vokale genannt.

Wichtig ist im Deutschen die Vokaldauer. Die Hochsprache kennt, Ausnahme [ɛː], nur kurze offene und lange geschlossene Vokale.
Dagegen hat das Schlochauer Platt vier Reihen: Offene Vokale kurz oder lang, sowie geschlossene Vokale kurz oder lang.

offen				geschlossen			
kurz		lang		kurz		lang	
ä	[ɛ]	äa	[ɛː]	ê	[e]	ee	[eː]
i	[ɪ]	ia	[ɪː]	î	[i]	ii	[iː]
o	[ɔ]	oa	[ɔː]	ô	[o]	oo	[oː]
ö	[œ]	öa	[œː]	ø	[ø]	öö	[øː]
u	[ʊ]	ua	[ʊː]	û	[u]	uu	[uː]
ü	[ʏ]	üa	[ʏː]	v	[y]	üü	[yː]

Tabelle 2: Offene und geschlossene Vokale

Eine Ausnahme macht das lange [uː], es wird vollkommen durch den Zwielaut {iu} ersetzt.

Beim ⟨a⟩ Laut wird nicht zwischen offen oder geschlossen unterschieden.

Ich schreibe: a für [a] und aa für [aː].

Nach der »Hochlautung« Lit. 8, 471 wird das Wort ⟨Vater⟩ wie [faːtər] ausgesprochen. In der Alltagssprache wird das [ər] aber zu einem Vokal. Im »Großen Wörterbuch der deutschen Aussprache« Lit. 9, 560 findet sich die Angabe [faːtɐ]. Bei der Bildung von [ə] und [ɐ] wölbt sich die Mittelzunge zum harten Gaumen auf. Es entsteht ein unbestimmter Vokalklang. Bei [ə] liegt er zwischen ⟨ö⟩ und ⟨e⟩. Bei [ɐ] ist es ein dunklerer Laut.

Ich schreibe: e für [ə] und á für [ɐ].

In der Hochsprache werden Zwielaute gesprochen. Ausgehend von einem [a] gleitet die Zunge bei ⟨au⟩ und ⟨ei⟩ nach oben. Beim Anfangslaut besteht Einigkeit. Für den Endlaut werden unterschiedliche Vokale genannt.

Ich schreibe die Schlochauer Zwielaute in dieser Weise:

ai	entspricht dem ⟨ei⟩ der Hochsprache, vom [a] zum geschlossenen kurzen [e]
au	entspricht dem ⟨au⟩ der Hochsprache, vom [a] zum geschlossenen kurzen [o]
oi	entspricht dem ⟨eu⟩ der Hochsprache, vom [ɔ] zum geschlossenen kurzen [ɪ]
äo	dem Schlochauer Platt eigen, Gleitbewegung vom [ɛ] zum [o]
iu	dem Schlochauer Platt eigen, Gleitbewegung vom [ɪ] zum [u]
ui	dem Schlochauer Platt eigen, Gleitbewegung vom [ʊ] zum [ɪ]

Die Zwielaute sind wie Langvokale. In der Hochlautung wird [ə] nur nach Langvokalen und Zwielauten Lit. 10, 20 gesprochen: ⟨Ruhe⟩ und ⟨Reihe⟩ sind Beispiele. Die Buchstaben, die die Zwielaute kennzeichnen, beschreiben Anfang und Ende der Gleitbewegung nur unvollkommen. Frau Semrau gibt zum Beispiel beim {oi} für die Koschneiderei als Anfangslaut ein [o] an.

Die Konsonanten

le b en	[b]	dan k en	[k]	ra s ten	[s]
e ch t	[ç]	be l ebt	[l]	Sch ule	[ʃ]
Le d er	[d]	He m d	[m]	Ra t	[t]
O f en	[f]	Ha n d	[n]	W olke	[w]
La g er	[g]	⟨zînye⟩	[ɲ]	a ch t	[x]
⟨Frû q⟩	[ɣ]	ri ng en	[ŋ]	S ommer	[z]
h aben	[h]	Hu p e	[p]	⟨wa zh d⟩	[ʒ]
Ka j üte	[j]	Go r illa	[r]		

Tabelle 3: Die IPA-Zeichen für die Konsonanten

Konsonanten sind die Sprachlaute, bei denen die ausströmende Atemluft gehemmt oder eingeengt wird. Die Konsonanten werden nach dem Ort und der Art der Hemmung geordnet. Ein weiteres Merkmal ist, ob die Stimmbänder bei der Bildung des Lautes schwingen (stimmhaft) oder sich in der Ruhelage befinden (stimmlos).

Bei diesen Lautpaaren:

stimm-haft:	b	w	d	dj	z	zh	j	g	q
	[b]	[v]	[d]	[dj]	[z]	[ʒ]	[j]	[g]	[ɣ]

stimm-los:	p	f	t	tc	s	sh	ch	k	x
	[p]	[f]	[t]	[tç]	[s]	[ʃ]	[ç]	[k]	[x]

wird die erste Reihe mit schwingenden Stimmbändern gebildet.

Bei [b - p] bilden die Lippen einen Verschluß, der plötzlich gelöst wird. Auch [d - t / g - k] sind Verschlußlaute. Die Laute [v - f / z - s / ʒ - ʃ / j - ç / ɣ - x] sind Engelaute. Durch den Luftstrom wird ein Reibegeräusch erzeugt. Die Enge wird bei [g - x] von der Zunge und dem Gaumen gebildet. Die Laute [m - n - ɲ- ŋ] werden mit gesenktem Gaumensegel gesprochen. Der Luftstrom entweicht durch die Nase. Die R-Laute werden durch eine Flatterbewegung der Zungenspitze oder des Zäpfchens erzeugt. Beim [h] entsteht durch die ausströmende Luft ein Hauchgeräusch, das dem folgenden Vokal vorausgeht.

Die Schlochauer Schrift

Dem Schlochauer Platt sind die Laute [dj] und [tc] eigen. Es sind einheitliche Verbindungen. Wird der Verschluß nicht schnell genug gelöst, entsteht eine Enge. Das Reibegeräusch wird als zum Verschlußlaut gehörend empfunden.

Wo im übrigen Niederdeutschen ein ⟨g⟩ vor ⟨e i r l⟩ steht, spricht man im Schlochauer Platt den Laut [dj]. Vor einem ⟨e i ö ü r l⟩ wird statt des ⟨k⟩ ein [tç] gesprochen.

Ich trenne die Buchstabenfolge ⟨ch⟩ des Hochdeutschen in die Sprachlaute [ç] und [x] auf. Der Laut [ç] wird weiterhin ⦃ch⦄ geschrieben.

Der Buchstabenfolge ⟨sch⟩ wird durch ⦃sh⦄ ersetzt.

Der Buchstabe ⟨z⟩ wird durch ⦃ts⦄ ersetzt, das ⟨s⟩ steht nur für den stimmlosen Sprachlaut.

a	[a]	wat	was
aa	[aː]	swaat	schwarz
ai	[a͡e]	dai	die
au	[a͡o]	staue	stehen
ä	[ɛ]	trätce	ziehen
äa	[ɛː]	Määltc	Milch
äo	[ɛ͡o]	näox	genug
á	[ɐ]	Wautá	Wasser
e	[ə]	gaue	gehen
ê	[e]	Tclê	Klee
ee	[eː]	Fleesh	Fleisch
e:e	[eːə]	we:e	war, wäre
i	[ɪ]	itc	ich
î	[i]	mî	mich
ia	[ɪː]	Miash	Mensch
ii	[iː]	miie	mein
iu	[i͡u]	briun	braun

o	[ɔ]	Kop	Kopf
ô	[o]	Môl	Backmulde
oa	[ɔː]	Koaf	Korb
oi	[ɔ͡ø]	moid	müde
oo	[oː]	groot	groß
ö	[œ]	slöpt	schläft
ø	[ø]	iføle	einfüllen
öa	[œː]	Föajel	Vögel
öö	[øː]	hööre	hören
u	[ʊ]	Zult	Salz
ua	[ʊː]	stuawe	gestorben
û	[u]	Pûnt	Pfund
ui	[u͡i]	ruiet	rührt
ü	[ʏ]	züs	sonst
v	[y]	hvt	heute
üa	[ʏː]	Strüamp	Strümpfe
üü	[yː]	Lüüd	Leute
b	[b]	bü	bin
ch	[ç]	Wäch	Weg
d	[d]	diu	du
dj	[dj]	Djrüt	Grütze
f	[f]	flaidje	fliegen
g	[g]	gaue	gehen
h	[h]	Haat	Herz
j	[j]	rêje	rein
k	[k]	kaume	kommen
l	[l]	lang	lang
m	[m]	Zaumá	Sommer
n	[n]	zün	sind
ny	[ɲ]	zînye	singen
ng | nk	[ŋ]	lang	lang

p	[p]	Peed	Pferd
q	[ɣ]	Frûq	Frau
r	[r]	rîte	reißen
s	[s]	Swästá	Schwester
sh	[ʃ]	shiint	scheint
t	[t]	dat	das
tc	[tç]	Tcînt	Kind
ts	[ts]	daantse	tanzen
w	[v]	lääwe	leben
x	[x]	Naxt	Nacht
z	[z]	zaxt	sanft
zh	[ʒ]	wazhd	wusch

Diese Schlochauer Schrift soll den Leser in die Lage versetzen, Texte mit guter Annäherung an eine originale Ausprache sprechen zu können. Aber es sind auch Schwachstellen in diesem System.
Es gibt den Laut [ɣ] Lit. 11, 53 den wir im Hochdeutschen nicht kennen. Reicht es aus, ihn als stimmhafte Gegenstück von [x] zu erklären?
Wann muß im Auslaut [t] gesprochen werden?
Ist es nicht gewagt ein [ɐ] einzuführen? — Hömá! in die Umgangssprache des Ruhrgebietes Lit. 12, 163 hinein. Auch unsere Schlochauer Platt war Umgangssprache.

Wörter in Schlochauer Mundart

Frau Semrau hat fünf verschiedene o-Laute und e-Laute in den Dörfern der Koschneiderei festgestellt.

[ɔ]	[mɔdə] – Schlamm	[ɛ]	[trɛtcə] – ziehen
[ɔː]	[fɔːtc] – Forke	[ɛː]	[hɛːlpə] – helfen
[ɔᴛː]	[kɔᴛːmə] – kommen	[ɛᴛː]	[ɛᴛːtə] – essen
[o]	[stro] – Stroh	[e]	[dest] – tust
[oː]	[doːt] – tot	[eː]	[fleːʃ] – Fleisch

Einem [ɔᴛː], [ãõ], [uː] in der Aussprache der Koschneiderei entspricht in der Schlochauer Mundart ein [au], [äo], [iu].

18

In der ersten Spalte steht das Wort in Schlochauer Schrift. Die zweite Spalte zeigt die Aussprache der Koschneiderei. Die Zahlen nennen die Seite, auf der das Wort bei Frau Semrau zum ersten Mal auftritt. Ein (+) zeigt mehrfaches Auftreten an.

aun	[ɔ˕ːn]	ohne	260
Aup	[ɔ˕ːp]	Affe	260
Auwe	[ɔ˕ːvə]	Ofen	157+
Auwed	[ɔ˕ːvəd]	Abend	262
Biuá	[buːə]	Bauer	169
Biure	[buːrə]	Bauern	263
Bläadá	[blɛ˕ːdə]	Blätter	157
Bräodá	[brǎȏdə]	Bruder	168
briun	[bruːn]	braun	263
bûqe		bauen	191+
dai		der	165
daue	[dɔ˕ːə]	dort	263
däoe	[dǎȏə]	tun	168+
diu	[du]	du	173+
Döast		Durst	161
faie		vier	166
Filt		Feld	170
Fleesh		Fleisch	166
Föajel		Vögel	174
Frûq		Frau	191+
gaue	[gɔ˕ːə]	gehen	164
gäot	[gǎȏt]	gut	168+
groot		groß	168
Haat		Herz	161
hai		er	165
Hius	[huːs]	Haus	169+
Hüüzá	[hyːzə]	Häuser	262
iut	[ut]	aus	257+

19

Kaule	[kɔ̆ːlə]	Kohlen	158+
kaume	[kɔ̆ːmə]	kommen	260+
Käoke	[kăôkə]	Kuchen	168+
Koaf	[kɔːf]	Korb	161
kult	[kolt]	kalt	170
laif		lieb	166
leːet	[leːrə]	(gelernt)	167
liutá	[lut]	laut(er)	173
mäaje		mähen	165
meːe	[meːə]	mehr	167
moid		müde	175+
moite		müssen	175
Mius	[muːs]	Maus	169
Peed	[pɛ̆ːd]	Pferd	260
näox	[năôx]	genug	168+
rêje		rein	172
root		rot	168
Snee		Schnee	187+
staue	[stɔ̆ːə]	stehen	187+
staule	[stɔ̆ːlə]	gestohlen	257+
swaat		schwarz	159+
Swästá	[svɛste]	Schwester	187
toiwe		warten	175+
Wautá	[vɔ̆ːtə]	Wasser	156+
Wäadá	[vɛ̆ːdə]	Wetter	156
Zult	[zolt]	Salz	170

Quellen

In Mundart geschriebene Texte habe ich an drei Stellen gefunden. Die Texte stammen von Verfassern, die in verschiedenen Orten zu Hause waren. Und so ist es nicht verwunderlich, wenn bei jedem die Ortsmundart durchschimmert. Schon Frau Semrau hat Unterschiede in den Dörfern festgestellt. Trotzdem war sie der Meinung, dass in allen zehn Orten die gleiche Mundart gesprochen wurde.

Sie berichtet, dass in den Dörfern Abrau, Damerau, Görsdorf und Schlagenthin für ⟨Eier⟩ die Aussprache {êjá} üblich ist. Auch weiter nach Westen hin, im Kreis Flatow, wurde so gesprochen.

Heute, fern der Heimat, sollten wir großzüg sein. Ob [huːs] in der Koschneiderei oder [hĩũs] in der Umgebung von Schlochau, ob [zɪnt] dort oder [zʏn] in Preusisch Friedland, wir sitzen alle unter dem {itc} und {zitc} Baum.

1) Neues Schlochauer u. Flatower Kreisblatt Lit. 6

Ausgabe vom 22.05.1953 Nr. 5 Seite 49

Mien lüttj Heimat von Kunibert Schmantek

Ausgabe vom 22.06.1953 Nr. 6 Seite 59

Hann wüsd Bischeed von Smantsch

Ausgabe vom 16.10.1953 Nr. 10 Seite 95

Dei Wunelamp Nach Dr. Josef Rink L. G.

Ausgabe vom 15.01.1954 Nr. 1 Seite 135

Dat Fremdwohet von Smantsch

Ausgabe vom 19.03.1954 Nr. 3 Seite 159

Leiwsdjefauhe (Nach Semrau, mitgeteilt von L. Gerschke)

Sieben Geschichten von *Lüchtindj Kadl*:

Quellen

1.	Ausgabe vom 24.09.1954	Nr. 9	Seite 231
2.	Ausgabe vom 21.05.1955	Nr. 5	Seite 331
3.	Ausgabe vom 25.06.1955	Nr. 6	Seite 348
4.	Ausgabe vom 30.10.1955	Nr. 10	Seite 396
5.	Ausgabe vom 19.05.1956	Nr. 5	Seite 495
6.	Ausgabe vom 20.12.1956	Nr. 12	Seite 592
7.	Ausgabe vom 16.03.1957	Nr. 3	Seite 637

Ausgabe vom 28.01.1955 Nr. 1 Seite 277

Leiw Heimatblatt! von Lüchtindj Kadl

Ausgabe vom 19.01.1956 Nr. 6

Wunneê tchümmt dei Tied? von Lüchtindj Kadl

Ausgabe vom 20.03.1959 Nr. 3 Seite 1004
Ausgabe vom 20.06.1959 Nr. 6 Seite 1049

Ja so iss dat von »Dei iut Freedlann«

Ausgabe vom 15.05.1959 Nr. 5 Seite 1033

Dei is geut i d Patülj kaume von Joseph Rink

2) Der Kreis Schlochau Unser Heimatbuch Lit. 13

Wunnee tchümmt dei Tied? von Kunibert Schmantek (Seite 5)

Mien lüttj Heimat von Kunibert Schmantek (Seite 200)

Die Mundart des Schlochauer Landes von Kunibert Schmantek (Seite 201)

August Semrau Ein Meister der Plattdeutschen Heimatdichtung von Leo Gerschke (Seite 201)

Dj´wittemathes u sie Sohn von August Semrau (Seite 202)

Leiwsdjefauhe. An Djeschicht iut ulle Tiede von August Semrau (Seite 204)

Dei Fremd von Joseph Rink (Seite 205)

Hest höet? von Kunibert Schmantek (Seite 206)

Wat owe dei Wruke von Hans Mausolf (Seite 208)

22

3) **Heimatbuch für den Kreis Flatow** Lit. 14

Die Sprache im Flatower Lande
Die Itch-Mundart und ihre Besonderheiten
   Zusammengestellt von Karlheinz Wachholz (Seite 166)

So vetellde ma sitch i Lanke - Wu es bi us i Lanke iutseecht
   von Erich Bahrke (Seite 167)

Tüfftcheoost, »Ee vom Lanksche Baasch« (Seite 168)

Een Rees bid „Kläug Frug" na Audlich-Lannitch
   »Ee vom Lanksche Baasch« (Seite 170)

Volksweisheit – Sprichwörter und Redensarten

   ... entnommen dem Koschneider-Buch 25 „Volksweisheit aus
   Koschneidermund" von Dr. Joseph Rink und ergänzt durch
   weitere [Aussprüche] aus dem westlichen Teile des Flatower
   Landes, ... von Karlheinz Wachholz (Seite 174)

Die 40 Sätze von Wenker

Frau Semrau Lit. 4, 259 hat die 40 Sätze von Wenker Anm. 6 in ihre Arbeit aufgenommen. Hier folgt nun die Schlochauer Ausgabe.

1. Im Wîntá flaidje dai dröödje Bläadá i de Luft árüme.

   Im Winter fliegen die trockenen Blätter in der Luft herum.

2. T hööát foots up mät snîdjed, dän waat dat Wäadá wädá bäatá.

   Es hört gleich auf zu schneien, dann wird das Wetter wieder besser.

3. Smît Kaule i de Auwe, dat d Mäaltc bul na kauked finyt.

   Tu Kohlen in den Ofen, dass die Milch bald an zu kochen fängt.

4. Dai gäot ul Miash is mät m Peed um Iiz ibrauke u i d kul Wautá fale.

   Der gute, alte Mann ist mit dem Pferde durchs Eis gebrochen und in das kalte Wasser gefallen.

5. Hai is foa faie odá zös Wäatce stuawe.

   Er ist vor vier oder sechs Wochen gestorben.

6. Dat Füüá was tu groot, dai Käoke zün djô vnen gants swaat braant.

   Das Feuer war zu stark, die Kuchen sind ja unten ganz schwarz gebrannt.

7. Hai ät d êjá ümá aun Zult u Päapá.

   Er isst die Eier immer ohne Salz und Pfeffer.

8. D Foit däoe mî wê, itc lööw, itc häb z mî döae shüüet.

Die Füße tun mir weh, ich glaube, ich habe sie durchgelaufen.

9. Itc bü bî de Frûq wäst u häb t ä zäct, u zai zäad, zai wu t uk äane Doxtá zäje.

Ich bin bei der Frau gewesen und habe es ihr gesagt, und sie sagte, sie wollte es auch ihrer Tochter sagen.

10. Itc wi t uk ni me:e wädá däoe.

Ich will es auch nicht mehr wieder tun.

11. Itc sla dî foots mät m Slaif üm d Oore, diu Aup.

Ich schlage dich gleich mit dem Kochlöffel um die Ohren, du Affe.

12. Woo djêst diu hän? Zoa w mät dî mät kaume?

Wo gehst du hin, sollen wir mit dir gehn?

13. T zün släct Tiide.

Es sind schlechte Zeiten.

14. Miie laiw Tcînt, bliiw hiie ünen staue; dai iiwedje Djäaz bîte dî doot.

Mein liebes Kind, bleibe hier unten stehen; die bösen Gänse beißen dich tot.

15. Diu häst hvt am meeste le:et u büst froam wäst; diu daafst eere na Hius gaue az dai anede.

Du hast heute am meisten gelernt und bist artig gewesen; du darfst früher nach Haus gehen als die andern.

16. Diu büst no ni groot näox, dat diu al an Flash Wiie iut drîntce kûnst, diu mutst eest no ábits wase u djröötá waade.

Du bist noch nicht groß genug, um eine Flasche Wein auszu-
trinken, du musst erst noch etwas wachsen und größer werden.

17. Ga, wäs zô gäot u zäch diine Swästá, zai zu d Tcleedá fo djûq
Mutá träct näaje u mät de Böast rêje mauke.

Geh, sei so gut und sag deiner Schwester, sie sollte die Kleider
für eure Mutter fertig nähen und mit der Bürste rein machen.

18. Hadzd diu nen bloot kaant! Dän we:e t anes kaume u t stvn
bäatá mät äm.

Hättest du ihn gekannt! dann wäre es anders gekommen, und
es täte besser um ihn stehen.

19. Wäa hät mî miine Koaf mät Fleesh staule?

Wer hat mir meinen Korb mit Fleisch gestohlen?

20. Hai deed zô, as wä zai nen tum Döashed bestält hade, ma zai
häb't zülwá daue.

Er tat so, als hätten sie ihn zum Dreschen bestellt; sie haben es
aber selbst getan.

21. Wäm hät hai dai niidj Djishicht fátält?

Wem hat er die neue Geschichte erzählt?

22. Äm mut má zeeá shrîje, züs fástêt hai us ni.

Man muss laut schreien, sonst versteht er uns nicht.

23. Wî zün moid u us drîntcet uk al zô ze:e.

Wir sind müde und haben Durst.

24. As wî djistán auwed trüdj tceeme, du leedje dai anede al im Bäd
u slaipe al fast.

Als wir gestern abend zurückkamen, da lagen die anderen schon zu Bett und waren fest am Schlafen.

25. D Snee is dis Naxt bî us lidje bläawe, ma hvt moadje is hai updøct.

Der Schnee ist diese Nacht bei uns liegen geblieben, aber heute morgen ist er geschmolzen.

26. Hîná uazem Hius staue drai djräl Apelböömtces mät roode Äpeltces.

Hinter unserm Hause stehen drei schöne Apfelbäumchen mit roten Äpfelchen.

27. Ku djî ni no a Oogeblitce up us toiwe? Dän kaume w met djû mät.

Könnt ihr nicht noch ein Augenblickchen auf uns warten? Dann gehen wir mit euch.

28. Djî daawe ni zôn Tcînárîje driiwe.

Ihr dürft nicht solche Kindereien treiben.

29. Uaz Bäadj zün ni ze:e hoox, djûq zün fäal höödjá.

Unsere Berge sind nicht sehr hoch, die euren sind viel höher.

30. Wu fäal pûnt Woast u wu fäal Broot wi djî häbe?

Wieviel Pfund Wurst und wieviel Brot wollt ihr haben?

31. Itc fásta djû ni, djî moite á bitstce zöne räade.

Ich verstehe euch nicht, ihr müsst ein bisschen lauter sprechen.

32. Häw djî ni á Stütctce wit Zeep fo mî up miim Dish funge.

Habt ihr kein Stückchen weiße Seife für mich auf meinem Ti-
sche gefunden.

33. Ziie Bräodá wi zitc twee djräl Hüüzá i djûqem Hof bûqe.

Sein Bruder will sich zwei schöne neue Häuser in eurem Garten
bauen.

34. Dat Woaet tceem äm fá Haate.

Das Wort kam ihm von Herzen.

35. Dat was rächt fa ä.

Das war recht von Ihnen.

36. Wat zite daue fo Föajeltces bauwen up m Müüetce?

Was sitzen da für Vögelchen oben auf dem Mäuerchen.

37. Dai Biure hade fiif Osen u näadje Tcoidj u twäalw Shauptces foa
t Döap broxt; dai wule zai fátcööpe.

Die Bauern hatten fünf Ochsen und neun Kühe und zwölf
Schäfchen vor das Dorf gebracht, die wollten sie verkaufen.

38. D Lüüd zün hvt ale bûtem um Filt u mäaje.

Die Leute sind heute alle draußen auf dem Felde und mähen.

39. Ga ma, dai briun Hûnt dêt dî nvsht.

Geh nur, der braune Hund tut dir nichts.

40. Itc bü mät de Lüüd daue hînen oawá d Wäaz i t Koan foiet.

Ich bin mit den Leuten dahinten über die Wiese ins Korn gefah-
ren.

Schlochauer Geschichten

Seit 1953 gab es ein gemeinsames Mitteilungsblatt Lit. 6 für die beiden Kreise Schlochau und Flatow. Darin hat *Lüchting Kadl* eine Reihe von wahren Schlochauer Geschichten veröffentlicht.

Bild 2: Neues Schlochauer u. Flatower Kreisblatt

Jeder dieser Erzählungen ging ein Erkennungtext voraus, hier wird einer gezeigt:

> Dît û dat up Slochug'sch Platt (1)
> A paue waue Djischichte iut ûese Heimat,
> upschräwe va Lüchtindj Kadl.

Wat d Biuá ni tcänt, dat nimt hai uk   (1)   (Dreschkasten)

Der Bauer dieser Geschichte hat von mir, Siegfried Splett, den Namen »Leo Bauckel« bekommen. Wie der echte Bauer hieß, soll ein Geheimnis bleiben.

I *Pollnitz* wauende ees twee Maaslüüd, dai hade tu de Aabêt ni Lust. Am laiwste djînye zai oawá Lant u slooge zitc zô döa. Dat fail ä uk gau ni swaue, wiil zai t fiustditc hîná de Oore hade.

Zô tceeme z uk na ... bî dä Biure Bauckel. Dai bruuqd al lang an niidj Shüün. — No, zô n Shüün we:e do a Tcînáspäel fo dis beede. Zai funge foots aa tu fámäte u reete zô a fäftêdje Raidje Tüfle iut. Dicht bî m

29

Stal, daue, woo d Shüün hänkaume zu. — Ma zô tüshedöa müazde dis
düchtidje Lüüd dja uk wat äate.

Bî m Friustütc niu bîgaf zitc dän dit: As d Eedjepan (Rührei) al up we:e
Anm. 7 u dai Frûq no n Wuast iut de Rötcákaumá hauld, zäad Biuá Bau-
ckel: »êdjentlich mut itc dän dja uk ne niidje Döashkaste häbe, wä dai
niidj Shüün trächt is. Dat Djilt langt ma no ni.« »No, dat is do dat Slimst
ni«, lait zitc daue dai e:e fa dä beede fánäame. »Wî shriiwe dî ne Shätc
iut. Dän kast dî do ne Döashkaste tcööpe, woo d wist.« Zai shreewe äm
dä Shätc iut.

Up eemaul hade dai beede dat ze:e iilsh. Zai zäade, zai müazde niu
gaue, dai Teetcnung tu dä Shüün mauke laute. — Of z foahäa no Hônô-
raar kaziird hade, is ni me:e bîkant.

Dä ande Daax truk Biuá Bauckel ziine bäste Stäawel aa u foied i d Stat.
Bî Djläzdje (Gebr. Glaeske) lait hai zitc al dai Döashkaste wiize, dai z
daue hade. Hai zoidjd zitc dän uk dä bäste iut. — As dat dän tum Bi-
taule kaume zu, weez hai ziine Shätc. Dai zax zô iut:

Herr Leo Bauckel aus ... kann sich
einen Dreschkasten kaufen, wo er will.

Wu dis Koop iutgaue is, dat ka zitc wo djêde dîntce. Bauckel Leo za
nii me:e ne Shätc aanaume häbe, uk wä hai no bilidjá we:e as fäftêdje
Raidje Tüfle u á gäod Friustütc fo twê Man.

Dai bäst Iue djêt manchmaul nau (2) Seite 331 (Die beste Uhr)

Dat is al lang häa, dun was i Föastnung Praistá, däm ziie Faudá we:e
Stälmauká wäst. Dis Praistá was no e:e fa dä Hoides, dai Platt mät äane
Shauptces räadde. U dat äm dai Tiid ni tu lang wuad, stälmauked hai
uk. Hai was a düchtich Miash, hai mook al Dauq a Waugeraad.

Ümá, wä hai zös Raud trächt had, wüazd hai: Moan is Zvndaax. — U
hai smeet dän d Zauq hän u nam d Hailidj Shrift i d Hant. —

Ma dai Aabêt shaft ni ümá djliitc. — Zô pasiird dat uk ees, dat moadjens
tiitc d Tcöstá aarannt tceem bî de Praistá. As dai djraud dai Spiitce tu

30

däm zöste Raad mauke wu, »Här Praistátce, Här Praistátce, dai Tcirch is
ful Lüüd, häbe zai fádjäate, dat hvt Zvndaax is?« D Praistá fáfeed zitc u
tceetc de Tcöstá aa: »Wat, hvt Zvndaax? Itc häb do eest zös Raud maukt
dis Wäatc.« — Aa djênem Zvndaax za i Föastnung d Präadjt ze:e koat
iutfale zin.

Häst hööát?   (3)   Seite 348 (Diebe in der Nacht)

> Der Name *Klatt* ist rein zufällig gewählt. Der, dem diese Geschichte pas-
> sierte, hieß anders. Doch das dürfen wir nicht verraten.

»Dat Frukezäte is al wat,«
zäad täo ziin Frûq dai Biuá *Klatt*
am Auwent zo bîm Lidjegaue. —
»Faie Wäatce lang mut má eest bäade
üm zoon paue Drüpe waame Räadje.
U shoalt dat dän fa bauwen runá,
dat diu mainst, dai Wilt djêt hvt al uná,
dän mut má riute bî däm Shiuá
tum Frukeplante up dat Filt
züs waat im Haafst dat Fee ni diue,
dat us dja brînyt dat baue Djilt.«

Klatt slöpt niu bul zô as n Rat,
as of hai ziiedauq tceen Rooq had hadt.
Dat had ma djraud Klok têdjen slauge,
dun was hai al bîm Kluftezauge.

Ziin Ulsh dauedjêdjen wuilt zô rüme
mät äane Pux, Härdjênetcîná!
Zai stanget rüm u ka ni slaupe.
Klok twölwen had z no d Oogen aupen.

Up ees, dun hät ze zitc dul fáfeed.
Zai dîntct: wat is dän niu pasiiet?
U maint, dat zai daue zôwat hööát,
as of im Stal e:e rümhantiiet.

»Diu, Frans,« röpt zai, »niu hööá do bloos!
Itc lööw, um Hof, daue is wat loos!
Im Swiiestal bî uaze Faatcen
mut wo a Spitsbiuw rümfäuwaatce!«
Zai gnuft niu Frantse i dai Ziid:
»Büst diu an Slaupmüts, Tcînálüüd!
Niu sta do up u tciitc do nau,
wäa t is, dai us dai Faatcen klaut!«

Klatt Frants had zô shöö al slaupe,
niu rit hai do ziin Oogen aupen
u richt zitc up u hoasht u hööáat,
of wäatclich zitc im Stal wat ruiet. —
»it is ales stil, ka nvsht fánäame.
Wäa za us al uaz Faatcen stäale.
Itc lööw, dî ramelt wo d Maud! *1
ôdá häst diin Fiiw ni i de Laud? *2
Dat tcümt fam fäale Kafezuupen,«
zächt hai u wi al unákrupe.
Do Klattsh, dai djift zitc ni tufräade.
Zai finyt niu wädá aa tu räade,
u maint, hai za ma riutetciitce,
daue moite do wätc rümesliitce.

Zô notet zai äm ümá dulá,
dat Frants niu äntlich – dja wat zu hai –
iut ziinem waame Knost riutsteech,
bloot, dat ziin Ulsh dä Wile tcreech.
Baaft u im Hämt djêt hai a d Fiestá,
do zvt hai nvsht, dän t is dja dvstá.
Dat aadjet äm niu no fäal me:e.
Hai böltct niu riute: »Is daue e:e?«
»Nee!« röpt fa biutem e:e gants driist.

»Na, häb tc ni zächt,« shaumt Biuá *Klatt*,
»Dit gants Spiitaukel we:e foa d Kat!
Niu häst dja äawen zülwá hööát,
dat biutem tce:e ni rümhantiiet!«

*1 dî ramelt wo d Maud — du hast wohl einem Alpdruck
*2 diin Fiiw ni i de Laud — deine Fünfe nicht in der Lade

An dul Angeliidj   (4)   Seite 396 (Der Salzhering)

Sniidá *Vülz* i ziinem Kaute,
dai müazd zitc fäal djefale laute.
Daue we:e dai *Schult* u Tcröödjá *Flautug*
dän Bätcá *Hass* u Biuá *Kaurug*,
u wu dai Naubes züs no haite,
u al, wat bî äm sniidre laite,
dai weere ale tu Frakziide *1
uazem aame *Vülze*-Sniidá.

Zô swiinelt wädá maul as dul,
Säemrug Franz dai Huk äm ful,
u *Mölle's Hannus*, dai fátält,
hai wüzd an prima Angelstäl.
Hai zu na m Plötzezee ees gaue.
Daue deede abá Kaape staue,
u dän dai Knubelbees, dai fäale.
Daue zin zô fäal, má ka z ni täale.
U zô im Daipe staue Sliidj,
is uk al maul á Häatct mät bî.
»Nee«, zächt niu *Hannus*, »wätst Diu, *Paul*,
dai biite mî bînau tu dul.
Itc häb ma bloot drai Auwent zäate,
niu wi itc bul tceen Fish me:e äate«.

»Is t waue?« röpt *Vülz* u tciitc ni slächt.
»Dat hät mî no tce:e Miash ni zächt.
Na, zôwat läawt ni, Blits u Duná!
Dän ga itc foots hvt Auwent runá.
Dän Häatct u Kaape, zô n gäod Fish
had itc al lang ni i de Lish«.

U *Vülz*, dai deed niu Pirauts hake.
Hai piidjd i'Friuze u i'd Plake.

33

dän'd Zaumá is djewitish drööch,
daue kaume'd Wöam ni rächt i'd Höajd.

Hai snapt zitc zô üm halwe Axt
ziin Lish u ziine Angelshaxt
u sliitct zitc a dat Uiwá zaxt
Vülz stält niu hän ziin Fishelish
u dîntc:»Niu biitet ma aa, djî Fish!
Dän sta djî moan bî us um Dish«.

Do t is zô mät däa Angeliidj,
t is ümá anes, niimauls djliitc.
Ees biite z, dän maul wädá ni,
t is zô, as *Petrus* dat djraud wi.
Zô dîntct niu äawen Sniidá *Vülz*:
Dat zäad do al ul Fotá *Vülz*:
»Hôq iie u toiw, dat daue wat waat,
t ka wäaze, t ruiet ni e:e mim Staat!
U al, dai Häatct häb tc riutetauge,
dai häb tc i de Räadjel lauge«.

Hai *Vülz*, dai stêt u tciitct u liuet.
Zô lang had t züs no nii ni diuet.
Hai wät uk gau ni, wat dat is.
Hai hät niu no ni eene Bis.
Hai hät al up dä Pirauts speecht,
hai truk dai Angel bits i d Hööjd,
u af u täo hät hai draa rukt,
do ni a Uklidj hät draa tukt.
Hai stitct ees daip, dän stitct hai floot,
u dän fádjeet äm langzam d Rooq.
»Ax wat«, dîntct hai, »wat zast Diu staue.
Diu kast dauebî uk lidjegaue. «
Hai lächt zitc niu am Uiwá nädá,
u tciitct u piiet niu ümá wädá,
wune:e dat Flot wo unádjin.
Züs had hai wiidá nvsht im Zin.

Hai liuet al an haatlidj Stun.
Dat was zô einzam i de Ruun,
daue ruiet zitc ni a Blat am Boom,
as lax dat al i Slaup u Droom.
U Sniidá *Vülze* tceem dat foa,
as wüade äm dai Oogen swaue.

Up eemaul slaip hai friidlich iie,
as lax i ziinem Knost hai driie.
Zô lang had hai dä shaxt no hule.
Niu we:e dai iut de Hant äm fale.

Niu deed e:e döa de Baatcbush tciitce
u zitc gants liis zô ranesliitce.
»Haha«, dîntct *Hann*, »dat häb'tc mî doxt!«
Stil langt hai na däm Angelshaxt
u hint niu aa dä Hauke wat. —
Niu waat hai liut: »Nee, Lüüd u Tcîná!
Dit is mî ma an Angeliidj!
Dai lächt zitc hän u slöpt dauebî!«

Ul *Vülz*, dai hät zitc ze:e fáfeeát.
Hai wüüzd eest gau ni, woo hai we:e.
Hai zvt niu, wu hai »Hannus« laxt
u djript na ziinem Angelshaxt.
»Dja diu«, zächt hai, »dit is mî wat!
Diu häst mî tu Frakziide hat!
Diu Lüchtîndj, diu Djewitehunt!
Itc häb al tuift zô a twee Stun;
itc häb hiie uanüt rümeläadje
u häb ni maul ne Stichlindj tcräadje.
Döashin höat dî, t Läadá ful!«

»Wat wist!« zächt *Hann* u laxt as dul.
»Nvsht tcräadje? Miash, wat wist diu dän?
Tciitc do na diine Angel hän,
u axt ma laiwá up dat Flot!«

»Vülz« tciitct niu hän. Waraftidj Got!

Dat Flot is wä u mät m Wup
tukt hai niu aa u trätct niu rup
ne groote Fish. Hai hault äm raa
u tciitct dä Fish, tciitct *Möll're* aa.
»Nee, zôwat, Tciitc ees,wat daue bamelt.
Itc häb — ne zultne Hêrîndj angelt!
Niu zäch mî do, Härdjenetcîná,
wu tcümt dai i dä Zee hiie rine.
U dat dai up dä Pîrauts bit!
Diu , *Hannus.* zäch, wu hät zitc dit!«

»Dja, *Paul*«, zächt *Hann* niu tu däm Sniidá,
»niu angel do ma düchtich wiidá
u hul ma ümá wädá rine,
hiie zit uk no wat anes binen.
Dän, wätst, woo zulten Hêrin staue,
daue zin uk — Rötcefish ni raue«.

*1 tu Frakziide — zum Schabernack

Der Salzhering   Frei ins Hochdeutsche übertragen

Eine tolle Angelei

Der Schneider Vülz in seiner alten Kate, der musste sich viel gefallen lassen. Da waren der Schulze und Gastwirt Flatau, Bäcker Hass und Bauer Karau, und wie die Nachbarn sonst noch hießen. Und alle, die bei ihm schneidern ließen. Die trieben ihren Schabernack mit unserm armen Schneider Vülz.

So schwindelt wieder einmal Semrau Franz wie toll ihm die Hucke voll. Und Möller Hannes der erzählt, er wüsste eine prima Angelstelle. Er solle zum Plötzesee gehen. Dort täten Karpfen stehen und viele Barsche. Dort sind so viele, man kann sie nicht zählen. Und in der Tiefe stehen Schleie, auch ist manchmal ein Hecht dabei.

»Nee«, sagt nun Hannes, »weist du Paul, die beißen mir beinah zu doll. Ich habe nur drei Abende gesessen, nun will ich bald keinen Fisch mehr essen«. »Ist das wahr?« ruft Vülz und guckt nicht schlecht. »Das hat mir noch kein Mensch gesagt. Na, so etwas lebt nicht, Blitz und Donner! Dann geh ich gleich heut Abend runter. Denn Hecht und Karpfen, solch guten Fisch hatte ich schon lange nicht im Spankorb«.

Und Vülz, der tat nun Regenwürmer hacken. Er pickt in Rasenstücken und in Erdklumpen, denn der Sommer ist gewitterig trocken, da kommen die Würmer nicht recht in die Höhe.

Er schnappt sich so um halb Acht seinen Korb und seinen Angelschacht und schleicht sich an das Ufer sacht. Vülz stellt nun seinen Korb hin und denkt: »Nun beißt man an, ihr Fisch! Dann steht ihr morgen bei uns auf dem Tisch«.

Doch das ist so mit der Angelei, es ist immer anders, niemals gleich. Manchmal beißen sie, dann mal wieder nicht, es ist so, wie Petrus das gerade will. So denkt nun eben Schneider Vülz: »Das sagte doch schon der alte Vater Vülz: »Hau ein und warte, das da was wird, und es kann sein, es rührt nicht einer mit dem Schwanz!« Und all die Hechte, die ich rausgezogen habe, die habe ich in der Regel gelogen«.

Vülz steht und guckt und lauert. So lange hat es sonst doch nicht gedauert. Er weiß auch gar nicht, was das ist. Er hat noch nicht einen Biss. Er hat schon auf den Regenwurm gespuckt, er zog die Angel bischen in die Höhe, und ab und zu hat er daran geruckt, doch nicht ein kleiner Fisch hat dran gezuckt.

Er sticht einmal tief, dann sticht er flach, und dann vergeht ihm langsam die Ruhe. »Ach was«, denkt er, »was sollst du stehen. Du kannst dabei auch liegen gehen.« Er legt sich nun am Ufer nieder, und guckt und starrt nun immer wieder, ob der Schwimmer wohl untergeht. Sonst hatte er weiter nichts im Sinn.

Er lauert schon eine starke Stunde. Das war so einsam in der Runde, da rührt sich nicht ein Blatt am Baum, als lag das alles im Schlaf und Traum. Und Schneider Vülz kam es vor, als würden ihm die Augen schwer.

Auf einmal schlief er friedlich ein, als lag er in seinem Bett. So lange hatte er den Schacht noch gehalten, nun war der ihm aus der Hand gefallen. Jetzt schaut einer durch den Birkenbusch, und schleicht ganz leis heran. »Haha«, denkt Hannes, »das hab ich mir gedacht!« Still langt er nach dem Angelschacht und hängt an den Haken was. Nun wird er laut: »Nee, Leut und Kinder! Das ist mir aber eine Angelei! Der legt sich hin und schläft dabei!«

Der alte Vülz, der hat sich sehr erschrocken. Er wusste erst gar nicht, wo er war. Er sieht nun, wie Hannes lacht und greift nach seinem Angelschacht. »Ja du«, sagt er, »das ist mir was! Das hast du mir zum Schabernack getan! Du Lüchting, du Gewitterhund! Ich hab schon so an zwei Stunden gewartet; ich hab hier unnütz herumgelegen und hab nicht mal einen Stichling gefangen. Dresche gehört dir, das Leder gegerbt!«

»Was willst du«, sagt Hannes und lacht wie toll. »Nichts gekriegt? Was willst du denn? Guck doch nach deiner Angel hin, und acht mal lieber auf das Flott!« [*1]

Vülz guckt nun hin. Wahrhaftig Gott! Das Flott ist weg und mit einem wuppdich ruckt er nun an und zieht einen großen Fisch herauf. Er holt ihn heran und guckt den Fisch, guckt den Möller an. »Nein, so etwas, guck mal, was da baumelt. Ich hab — einen Salzhering geangelt! Nun sag mir doch, Herrjemine, wie kommt der in den See hier rein. Und das der auf den Regenwurm beißt! Du, Hannes, sag, wie verhält sich das!«

»Ja, Paul«, sagt Hannes zu dem Schneider, »nun angel du mal tüchtig weiter und halt mal immer wieder rein, hier sitzt auch noch was anderes drin. Denn, weißt du, wo gesalzene Hering stehen, da sind auch — Räucherfisch nicht rar«.

[*1] Flott ... Floß, Schwimmer, Pose — an der Angelschnur befestigt; zeigt an, wenn ein Fisch am Haken zieht

Zô ka t eem gaue   (5) Seite 495   (Osterwasser)

Bei dem ehrenwerten und vielen Landsleuten sicher noch
wohlbekannten Schmiedemeister Albert Roeske in Pollnitz
versammelte sich im ersten Weltkrieg regelmäßig eine Karten-
spielerrunde, um ausgiebig »Ulschebasta«, wie der »Schafs-
kopf« im Schlochauer Land genannt wurde, zu spielen. Wie zu
vielen Dingen, gehört auch zum guten Kartenspielen am Ran-
de noch einiges, um es wirklich interessant werden zu lassen.

Wä Maaslüüd zite zô um Hupe,
dän hule s fäal fam Branwiiezupe;
u oawáhaupt bîm Kautespäale,
daaf dai Shnaps al gau ni fäale,
(Dat Frûges uk djêen eene näame,
dauefan wî w hiie gau ni räade).
Zô zeete dän im êeste Tcriich
i *Pollnitz* wätc am Kautedish.
Dai klobde düchtich Ulshebastá
smöalde zülwstdjimaukte »Knastá«
Fûlicht was t Zerrádälákaf,
dän *Röss'sch* (Fr. Roeske) nam dai Gadine af.
Zô broaxde zai mät Oawástich
dän mandje »Zola« hîná zitc.

Fa dize Kautespäalás e:e,
dai wu up e:emaul gau ni me:e.
Hai haad ne Daulá bul fáspäalt
u maind, dat äm dat Djlütc hvt fäalt.
Dat hai dauedrøwá iiwich we:e,
dat frouxd dai ande niu no ze:e.
As e:e Woat dun dat aned gaf,
wind hai zitc fa dä oawdje af.
Äm wuad dai Zax niu do tu bunt,
zô dat hai aa tu pröte fung.

Wäa *Pollnitz* bitsdje needjá tcänt

u höat, wu má dai Lüüd zô nänt
dai tcänt fa fäale, dai daue waune,
uk äane shööne Ötcelnaume.
Zô späalt uk hiie, bî *Rösstch*, däm Smêdt,
e:e düchtich Ulshebastá mät,
däm zäade z »Indje Nupdje fam Düüwel«,
do züste we:e hai gau ni üübel.
Dai fung niu düchtich a tu shaume:
»Zô wiit zin wî al runákaume
döa dize doadje ule Tcriich,
dat t tceene Branwiie t tcöpen djift!
Wäa wät, wô dai niu ale blift!«
Hai raibd ziin Frûq , dai uk daue we:e
u zäad tu ä: »Us döastet ze:e.
Diu kast do ees na Hius hän gaue,
daue häb itc no bits Spirtus staue.
Diu wätst djô, hîn
x uazem Shaf
stait i na Raidj daue Flash bî Flash;
i eene mut dai Spirtus zine.
Niu ga, diu waast n djô al fine.
Do kauk n up fádjät dat ni!«

Zai tceem dän wädá na ne Wiil. –
Dai ande wüade foots môbiil. –
Iut äane daipe Manteltash
hauld zai an ditc ul Liitáflash. –
Zôgaue dai e:e, dai pröte deed,
nam ziine Stäol u tceem i d Needj.
Mätspäale wu hai wo ni me:e,
do üm dat Zupen djin't äm ze:e.

Röss'sch hauld niu Djläas, u goat uk iie
u as i djeedem we:e wat driie,
zäad ales »Prost« u nam ne Shluk
u tceetc zitc aa, zäad tceene Muk.
Woo äawen ales djriind u laaxd,

we:e't doodestil niu as im Graf.
U Indje Nupdje froaq ziin Ulsh:
»Diu, zäch, hiie is mî do wat mulsh.
Dai smätct do ni na Bränspirtus,
bî'm hailîdje Shnapsisimus!
Wun Flash häst diu dän bloosich naume?
Up wun Idee büst diu daue kaume?«

»Itc nam dai tweed, dai was no ful.«
»Miash Frûqsnaum, *1 zäch, diu büst wo dul!
Diu häst dat Ôstáwautá naume
Wat mauk w, wä wî dä Gnats bîkaume!?«

Niu — dai Môraul fa dä Djishicht
findt má fûlicht uk ni zô licht:

Wäa zô am ande Moadjen zächt:
»Wat is mî kudrich, is mî slächt«,
dai waat daueî fûlicht uk dîntce:
Má shu stat Spirtus Wautá drîntce.
U manchmaul ka t uk gau ni shaude,
dä Gnats i Bränspirtus tu baude.

*1 Frûqsnaum — Frau (im positiven Sinne, Frauenzimmer)

Kôlin (6) Seite 592 (Rückweg mit Klingel)

Zô na Wiinaxte djînye dai Praistás i uaze Djädjent Kôlin. *1 Mät däm
Ödjelist u twee Misdaines truke zai dän fa Hius tu Hius u fa Hof tu
Hof. Ma wiil zai äan Run ümá eeste namidaaxs aafunge u tu däa Tiid uk
ümá fäal Snee lax, müazde zai zitc bîiile, wä z tu Mariidje Lichtmäs *2 bî
ale Lüüd wäst zine wule. Dauetäo tceem dän no, dat t biutem düchtich
kult we:e, zô dat zai zitc djeen a bits upwaamde, eere zai fa eem Hius
tum ande djînye.

Dai Kôlin is an ze:e ul Mood. Itc løw, zai stamd no iut däa Tiid, as dai
Praistás no ni zô bîtault wuade as hvt u dat zai dän bî däa Djîläadjen-
heet ni bloot dai Hüüzá u äan Iiewoones iiezäadjne deede u »C M B« *3
aa dai Hiusdoare maulde. Zai waade i ule Tiide wo uk a Deel fa äanem

41

Looe i Djîstalt fa Wuast, Spätc, Eedje u Djäaze iiezamelt häbe. Zai hade dun dja uk no meest Peed u Wauge, zô dat zai früüä wo mät m Släde waade aakaume zin.

Dat ka niu zô a twinsh Djaue häa wäaze, as uk wädá ees dai Tiid tu de Kôlin kaume we:e u i eem Döap dai Ödjelist, dai »gaue tceene« Branwiie drunk, mät no a paue Tceels bî'm Tcröödjá aa de Toonbintc stûn. »*Du, Paul,*« zäad hai tu däm eene up Hooxdüütc (hai kun ni Plat, hai stamd wooanes häa), »*du, Paul, übermorgen gehen wir auf eurem Ende Kalende. Sieh zu, dass du ne Flasche Cognac *4 zu Hause hast, dann werde ich es so einrichten, dass wir an dem Abend bei euch Schluß machen*«.»Is afmaukt« zäad Paul. Ümehän was dat an tcleen Iutteetcnung, wä d Praistá bî äm Shlus mook.

Dai Fuieplaue wuad iiehule. Am Dunádaax auwents üm halw axte tceeme z bî Paule tu kôlin. As dat Tsêremondjäl tu In we:e, tcreedje dai Misdjunges fiif Dütje u a Stütc Wuast i d Hant, u zai fáswune. Niu wuad dän bî Paule taufelt u hînáhäa kam dai Cognacflash u a Top fa däm zülwsttdjimaukte Wiie up de Dish, wiil d Praistá fa däm ümá djeen a paue Drüpe drunk.

Zô üm älwe stûn dai Praistá up u dai Ödjelist müazd niu mät, of hai wu ôdá ni. Bäatá zächt, of hai kun ôdá ni, dän hai hail zitc al ümá zô am Steul fast. As zai dän niu gaue wule, zäad Paule ziin Frûq: »*Herr Preistetche, der eine Messdiener hat seine Klingel vergessen, aber die kann er sich ja morgen holen kommen, dann brauchen Sie sich nicht damit rumzuschleppen.*« »*Nein, nein*« , zäad d Praistá, »*die hat er nicht vergessen, er muss sie immer dort stehen lassen, wo wir Schluß machen*« nam z u stoabd z däm Tcöstá i d Tash. »*Das ist ein Trick, auf den ich mittlerweile gekommen bin. Sehen Sie, ich kenne ja meine Pappenheimer. Am Anfang habe ich ihm immer gut zugeredet, er möchte nicht so viel trinken, aber das hat leider nichts genützt. Auf eine Art ist es ganz gut, dass wir immer erst im Dunkeln von der Kalende nach Hause kommen. Nun, mit der Klingel hat es folgende Bewandnis: Wenn er jetzt im Dunkeln vor mir hertorkelt — gerade gehen kann er ja wohl nicht mehr — dann klingelt es fortwährend in seiner Manteltasche. Höre ich nun das Klingeln auf einmal nicht mehr, dann liegt er irgendwo im tiefen Schnee, und ich rufe ihn. Selbst wenn er sich nicht meldet, be-*

wegt er sich dann noch etwas, und es klingelt wieder in seiner Tasche. Ich gehe dann hin zu ihm und ziehe wieder heraus, damit er mir nicht erfriert, der arme Kerl. Na, dann Gute Nacht!« »*Ja, Gute Nacht, Herr Preistetche, und kommen Sie gut nach Hause mit ihm.*«

*1 Kôlin — Kalende, alter katholischer Kirchen- und Volksbrauch
*2 Mariidje Lichtmäs — Maria Lichtmess, Festtag 2. Februar
*3 C B M — Caspar, Balthasar und Melchior (die Hl. 3 Könige)
*4 Cognac — Kognak

Gastfrvnshaft   (7) Seite 637   (Gastfreundschaft)

Gastfrvntlich weere dai Lüüd i uaze Djädjent djo. D Shauewaatces djî-nau zô as dai groote Biure. Nee, ales wat draa is dat mut má ä laute. Dat dat uk ni fádjäate waat, daurüm wi itc djuq hiie twee Djishichte fátäle, dai beed zô waue zin, as dai Aues ümá hînen zit.
Weet djî no, wäa foa twinsh Djaue dai ülst Miash i uaze gantse Djädjent we:e? Ko j dju ni me:e drup bîzine? Dän past ees up!

Hai was al bul hûned Djaue ult u zeet up Liiwdjidin. Dä Biurehof haad hai al lang däm Djungdje oawádjäwt: u dat Djungdje we:e nû uk al hoox i dä Zöstidje. – –
Wiil niu djraud dai Mood met dä Radjos up kaume we:e, hade zitc *Häere-Flautugs* uk zune *Gradjelkaste* koft. A eem Daax im Roggeaust ha-de z niu al djraud de groote Graupe *1 ful Djrüt u Tüfle *2 lätc djäate, as d ul Biue frooq: „Wu is dat, *Albert*, dai Tceel daue i däm Kaste hät al de gantse Foamidaax totet. Wi djî däm êdjentlich nvsht t Äated aabaide, as zitc dat höat?"
Ax zô, an Tweed Djishicht fa de Gastfrvnshaft wu itc djû do uk no fátä-le. Ma, wäst mî ni iiwich, dat waat itc neechst Maul däoe. Dän bî m Mäsbreede häbe z mî bibroxt, dat má ni ales up eene Hupe smiite sha.

*1 Graupe — Grape, Gußeisener Kochtopf mit Füßen
*2 Djrüt u Tüfle — heimatliches Gericht, Grütze und Kartoffeln

In diesem Abschnitt sind die Worte aus den sieben Geschichten gesammelt. Die Verben, die im Kapitel *Grammatik* aufgeführt sind, werden hier mit einem (⁺) gekennzeichnet.

a *Pron.* — ein

aa *Präp.* — an

äa *Pron. m. n. Nom.* — ihr

Aabêt — Arbeit

Aadjet — ärgert

aafunge — anfangen

aakaume — ankommen

aame *Adj.* — armen

äanem *Pron. m. n. Dat.* — ihrem

äane *Pron. f. Pl. Dat.* — ihre

aarant — angerannt

äate⁺ — essen

Äated — Essen

äawen *Adv.* — eben, gerade

abá *Konj.* — aber

abaide — anbieten

ábits *Pron.* — etwas

af *Adv.+Präp. mit Dat.* — ab

al *Adv.* — schon

ale *Pron.* — alle

ales *Pron.* — alles

älwe *Num.* — elf

am *Präp.* — am

äm *Pron. m. n. Dat.* — ihm

an *Pron.* — eine

anaume *Part.* — angenommen

ande *Pron.* — anderen

anes *Pron.* — anderes

anede *Pron.* — anderen

Angel — Angel

angel — angeln

Angeliidj — Angelei

Angelshaxt — Angelschacht

Angelstäl — Angelstelle

angelt — angelt

Apelböömtces — Apfelbäumchen

Äpeltces — Äpfelchen

arüme *Adv.* — herum

as *Konj.* — als

ät⁺ — (er) isst

Aues — »Hinterteil«

aun *Präp. mit Akk.* — ohne

Aup — Affe

aupen *Adj.* — offen

Auwe — Ofen

Auwent — Abend

auwents *Adv.* — abends

ax *Int.* - ach

Axt *Num.* – Acht

axt *Imp.* – achte

baaft *Adv.* — barfuß

Baatcbush — Birkenbusch

bamelt — baumelt

baude — baden

baue *Adj.* — bare

bauwen *Adv.* — oben

Bäadj — Berge

bäatá *Adj.* — besser

bäst *Adj.* — best

bäste *Adj.* — besten

bestält — bestellt

Bätcá — Bäcker

beed *Pron.* — beide

beede *Pron.* — beiden

bî *Präp. mit Dat.* — bei

bîbroxt — beigebracht

bîgaf — begab

bîiile — beeilen

biite — beißen

bilidjá *Adj.* — billiger

bîkant *Part.* — bekannt

bîkaume — bekommen

bîm — bei dem

binen *Präp.* — binnen, innerhalb

bînau *Adv.* — beinahe

bîtaule — bezahlen

bîtault *Part.* — bezahlt

bîzine — besinnen

Bis — Biss

bits *Num.* — bißchen

bitstce *Num.* — bißchen

Biuá — Bauer

Biure — Bauern

Biurehof — Bauernhof

biutem *Adv.* — draußen

Blat — Blatt

Bläadá — Blätter

bläawe+ *Part.* — geblieben

bliiw+— bleib!

bloos bloß (wegen des Reimes)

bloosich nur (wegen des Reimes)

bloot *Adv.* — bloß, nur

Boom — Baum

Böast — Bürste

böltct — bölkt, brüllt

braant *Part.* — gebrannt

Bränspirtus — Brennspiritus

Branwiie — Branntwein

Bräodá — Bruder

brînyt — bringt

briun *Adj.* — braun

Broot — Brot

bruuqd — braucht

bûqe — bauen

bûtem *Adv.* — außen

bul *Adv.* — bald

bü+ — (ich) bin

büst diu+ — bist du?

d ⇒ dai

Daax — Tag

daaf — darf

daafst — darfst

daawe — dürfen

däa *Art. f. Pl. Dat.* — der, den

däm *Art. m. n. Dat.* — dem

däoe+ — tun

dän *Adv.* — dann

daip *Adj.* — tief

daipe *Adj.* —tiefe

Daipe — Tiefe

dai *Art. f. Pl. Nom.* — der, die

dat *Art. n. Nom.* — das

dat *Pron.* — das (dort)

daue *Adv.* — dort

dauebî *Adv.* — dabei

dauedjêdjen *Konj.* — dagegen

dauetäo *Adv.* dazu

daurüm *Konj. | Adv.* — darum

45

Dauq — Tag
dêt — (er) tut
de *Art.* — die
deed⁺ — tat
deede⁺ — taten
Deel — Teil
dî *Pron.* — dir
dîntce⁺ — denken
dîntct⁺ — denkt
dis *Pron.* — dieser
Dish — Tisch
dit *Pron.* — dies
ditc *Adj.* — dicke
diu *Pron.* — du
diue *Adj.* — dick, fett
diuet *Part.* — gedauert
dja, djo *Konj.* — ja
Djaure — Jahre
djääte⁺ *Part.* — gegessen
Djädjent — Gegend
djefale — gefallen
djeen *Adv.* — gerne
djênem *Pron.* — jenem
Djewitehunt — Gewitterhund
djewitish *Adj.* — gewittrisch
dicht *Adj.* — dicht, nahe
djêst⁺ — (du) gehst
djî *Pron.* — ihr
djift⁺ — gibt
Djîläadjenheet — Gelegenheit
Djilt — Geld
djînau *Adj.* — genau
djînye — gingen
Djishicht — Geschichte
Djîstalt — Gestalt

djistán *Adv.* — gestern
djliitc *Adv.* — gleich
Djlütc — Glück
djräl *Adj.* — schöne
djraud *Adv.* — gerade, soeben
djript — greift
djröötá *Adj.* — größer
Djrüt — Grütze
Djungdje — der Junge
djûqem *Pron.* — eurem
djûq *Pron.* — euer
do *Konj.* — doch
döa *Präp. mit Akk.* — durch
Döap — Dorf
Döashed — (zum) Dreschen
Döashin — Dresche
Döashkaste — Dreschkasten
Döast — Durst
doot — tot
doxt⁺ *Part.* — gedacht
Doxtá — Tochter
draa *Adv.* — dran
drai *Num.* — drei
driie *Adv.* — darin, drin
driist *Adj.* — dreist
driiwe — treiben
drîntce — trinken
drîntcet — trinkend
Droom — Traum
drööch *Adj.* — trocken
dröödje *Adj.* — trockene
drunk — trank
drup *Adv.* — darauf
Drüpe — Tropfen
du leedje — da lagen

dul *Adj.* — toll, sehr
dulá *Adj.* — toller
dun *Adv.* — damals, dann
Duná — Donner
Dunádaax — Donnerstag
düchtich *Adj.* — tüchtig
düchtidje *Adj.* — tüchtigen
dvstá *Adj.* — duster
Dütje — Groschen
êdjá — Eier
Êdjepan — Rühreier
êdjentlich *Adj.* — eigentlich
e:e *Pron.* — ein
eem *Pron.* — einem
eemaul *Adv.* — einmal
eene *Pron.* — einen
eere *Adv.* — eher
ees *Adv.* — einst, einmal
eest *Adv.* — erst
einzam *Adj.* — einsam
fa *Präp. mit Dat.* — von
fádjät+ — vergiß!
fádjäate+ — vergessen
fádjeet — vergeht
fáfeed — erschrocken
fáfeed zitc — erschrak
fáfeere zitc — sich erschrecken
fámäte — vermessen
fánäame — vernehmen
fáspäalt — verspielt
fásta — verstehe
fástêt — versteht
fáswune — verschwanden
fátäle — erzählen
fátält — erzählt

fátcööpe — verkaufen
fäal *Adj.* — viel
fäale *Adj.* — vielen
fäalt — fehlt
fäftêdje *Num.* — fünfzehn
faie *Num.* — vier
fail — fiel
fale *Part.* — gefallen
fast *Adj.* — fest
Faudá — Vater
Fee — Vieh
fiif *Num.* — fünf
Filt — Feld
findt — findet
finyt — fängt
Fish — Fisch
Fishelish — Fischkorb
fiustditc *Adj.* — faustdick
flaidje — fliegen
Flash — Flasche
Fleesh — Fleisch
floot *Adj.* — flach
Flot — Floß, Schwimmer, Pose
foa *Präp.* — vor
foahäa *Adv.* — vorher
Foamidaax — Vormittag
foots *Adv.* — gleich
Fotá — (scherzhaft) Vater
foied — fuhr
foiet *Part.* — gefahren
Foit — Füße
Föajel — Vögel
Föajeltces — Vögelchen
friidlich *Adj.* — friedlich
Friustütc — Frühstück

Friuze — ausgestochenes
   Rasenstück
froam *Adj.* — fromm
frooq — fragte
früüá *Adv.* — früher
frukeplante — Wruken pflanzen
Frukezäte — Wruken setzen
Frûq — Frau
Fuieplaue — Fahrplan
ful *Adj.* — voll
fûlicht *Adv.* — vielleicht
fune *Part.* — gefunden
funge — fingen
Füüe — Feuer
ga⁺ — ich gehe, geh!
gaf⁺ — gab
gants *Adj.* | *Adv.* — ganz
gantse *Adj.* | *Adv.* — ganzen
Gastfrvnschaft — Gastfreund-
   schaft
gastfrvntlich *Adj.* —
   gastfreundlich
gau ni *Adv.* — gar nicht
gaue⁺ — gehen
gaue tceene *Pron.* — gar keinen
gäod *Adj.* — guten
gäot *Adj.* — gut
Gnats — Krätze
gnuft — knufft
Got — Gott
Gradjelkasten — »Lärmkasten«
Graf — Grab
groot *Adj.* — groß
groote *Adj.* — großen
Haafst — Herbst

Haat — Herz
häa *Adv.* — her
Häatct — Hecht, Hechte
haatlidj Stun *Adj.* — eine (herzlich)
   starke Stunde
häb⁺ — habe
häbe⁺ — haben
häb tc⁺ — hab ich?
had⁺ — hatte
had t⁺ — hatte das
Haha — Haha
hai *Pron.* — er
hail⁺ — hielt
Hailidj Shrift — Heilige Schrift
haite⁺ — hießen
hake — hacken
halw(e) *Adj.* — halb
Hämt — Hemd
hän *Adv.* — hin
hänkaume — hinkommen
Hant — Hand
Här — Herr
Härdjênetcînâ —
   »Herr Jesus Kinder«
häst diu⁺ — hast du
hät⁺ — hat
Hauke — Haken
hauld⁺ — holte
hault⁺ — holt
häw djî — habt ihr
Hêrin — Heringe
Hêrîndj — Hering
hiie *Adv.* — hier
hint — hängt
hînâ *Präp.* — hinter

hînáhäa *Adv.* — hinterher

hînen *Adv.* — hinten

Hius — Haus

Hiusdoare — Haustüren

hoasht — horcht

Hoides — Hirten

Hônôraar — Honorar

hôq iie — hau ein (die Angel)

hoox *Adj.* — hoch

Hooxdüütc — Hochdeutsch

höat *Part.* — gehört

hööát — hört

Hööjd — Höhe

hööjá *Adj.* — höher

Huk — Hucke, Kiepe

hul+ — halt!

hule+ *Part.* — gehalten

hûned *Num.* — hundert

Hûnt — Hund

Hupe — Haufen

Hüüzá — Häuser

hvt *Num.* — heute

i *Präp.* — in

i d — in die

ibrauke *Part.* — eingebrochen

iføle — einfüllen

iie *Pron.* — (r)ein

iiehule *Part.* — eingehalten

Iiewoones — Einwohner

iiezäadjne — einsegneten

iiezamelt– eingesammelt

iilsh *Adj.* — eilig

iiwedje *Adj.* — bösen (ärgerlichen)

Iiz — Eis

im *Präp.* — im

In — Ende

Indje Nupdje — bedeutet soviel
wie kurzes Ende

is+ — ist

is t+ — ist das?

itc *Pron.* — ich

iut *Präp. mit Dat.* — aus

iutfale — ausgefallen

iutgaue — ausgegangen

Iutteetcnung — Auszeichnung

ka+ — kann

ka z — kann sie?

Kaape — Karpfen

Kafezuupen — Kaffeetrinken

kam+ — kam

kant *Part.* — gekannt

Käoke — Kuchen

kast+ — kanst

Kaste — Kasten

Kaule — Kohlen

kauked — kochen

kaume+ — kommen

kaume d — kommen die?

Kaute — Kate, altes Haus

kautespäale — kartenspielen

kaziird — kassiert

klaut — klaut

Klok — Uhr

Kluftezauge — Kloben sägen

Knost — Bett

Knubelbees — Knubbelbarsche
(die bei Barschen gesuchte
Größe, ca. 20 cm lang)

Koaf — Korb

Koan — Korn

koat *Adj.* — kurz
koft *Part.* — gekauft
ko j — könnt ihr?
Koop — Kauf
kudrich *Adj.* — koddrig
kul *Adj.* — kalte
kult *Adj.* — kalt
Kum — Tränkrinne
kun, ku + — konnte
Läadá — Leder
läawt — lebt
lait + — ließ
laite + — ließen
laiw *Adj.* — lieb, liebes
laiwá *Adj.* — lieber
laiwste *Adj.* — liebsten
lang *Adj.* — lang
langt — langt
langzam *Adj.* — langsam
Lant — Land
lätc *Adj.* — leer (von ledig)
Laud — Lade
lauge *Part.* — gelogen
laute + — lassen
lax + — lag
laxt — lacht
le:et *Part.* — gelernt
licht *Adj.* — leicht
lidje — liegen
lidjegaue — schlafengehen
liis *Adj.* — leise
Liitáflash — Literflasche
Liiwdjîdin — Leibgedinge,
    Altenteil
Lish — Lische, Spankorb

liuet — lauert
liut *Adj.* — laut
Looe — Lohn
loos *Adv.* — los
lööw + — (ich) glaube
Luft — Luft
Lust — Lust
Lüchtîndj — Lüchting
Lüüd — Leute
m ⇒ däm
ma *Konj.* — aber
ma *Adv.* — mal
má *Pron.* — man
mainst — meinst
mäaje — mähen
Mäaltc — Milch
manchmaul *Adv.* — manchmal
mätspäale — mitspielen
Mäsbreede — Mist ausbreiten
Maaslüüd — Männer
mät *Präp. mit Dat.* — mit
mät m — mit dem
mauke + — machen
maukt + *Part.* — gemacht
mauk w + — machen wir?
Maul — Mal
maulde — malten
me:e *Adv.* — mehr
meest *Adj.* — meist
mî *Pron.* — mir, mich
Miash — Mensch
miine *Pron.* — meinen
mim — mit dem
Misdjunges, Misdaines —
    Meßdiener, Ministranten

50

Mius — Maus
Moadjen — Morgen
moadje *Adv.* — morgen
moadjens *Adv.* — morgens
moan *Adv.* — morgen
moid *Adj.* — müde
moite+ — müssen
Mood — Mode
mook+ — machte
Môraul — Moral
mulsh *Adj.* —
    faul (spez. bei Birnen)
müazd+ — musste
müazde+ — mussten
Müüetce — Mäuerchen
mut — muss
mutst — musst
Mutá — Mutter
n ⇒ een
na *Präp. mit Dat.* — nach
nädá *Adj.* — nieder
näadje *Num.* — neun
näaje — nähen
nam+ — nahm
namidaaxs *Adv.* — nachmittags
näox *Adv.* — genug
nau *Adv.* — nach
Naubes — Nachbarn
naume+ *Part.* — genommen
Naxt — Nacht
ne — schwache Form: eine
nee *Adv.* — nein
neechst *Adv.* — nächst
nen *Pron.* — ihn
ni *Adv.* — nicht

nii *Adv.* — nie
niidj *Adj.* — neu
niidje *Adj.* — neue
niimauls *Adv.* — niemals
nimt+ — nimmt
niu *Adv.* — nun
no, zô n — »Na, so eine«
no *Adv.* | *Konj.* — noch
notet — bedrängt
nvsht *Pron.* — nichts
ôdá *Konj.* — oder
Ödjelist — Organist
of *Konj.* — ob
Oogen — Augen
Oogeblitctce — Augenblick
Oore — Ohren
Ötcelnaume — Spitzname
oawá *Präp. mit Dat.* — über
oawádjäawt — übergeben
Päapá — Pfeffer
pasiird — passierte
past — Pfeffer
paue *Adj.* — paar
Peed — Pferd
piidjd — pieken
piiet — sieht (starrt)
Pirauts — Regenwurm
Plake — Rasenstück
Plat — Platt
Plötzezee — Plötzesee
Praistá — Priester
Praistátce — Priesterchen
prima *Adj.* — prima; hervorragend
pröte — schmollen
Pux — Deckbett

Pûnt — Pfund

Rat — Ratte

raa *Adv.* — heran

Raad — Rad

räade — reden

räadde — redeten

Räadje — Regen

Räadjel — Regel

rächt *Adj.* — recht

raibd — rief

Raidje — Reihen

ramelt — stößt

ranesliitce — ranschleichen

Raud — Räder

raue *Adj.* — rar, selten

reete — rissen

rêje *Adj.* — rein

richt — richtet

rine *Adv.* — herein

rit — reißt

riute *Adv.* — raus

riutetauge — rausgezogen

riutetciitce — rausgucken

riutsteech — rausstieg

roode *Adj.* — rote

Rooq — Ruhe

root *Adj.* — rot

röpt — ruft

Rötcáfish — Räucherfisch

Rötcákaumá — Räucherkammer

ruiet — rührt

rukt — ruckt

rümfäuwaatce — rumfuhrwerken

rüm(e) *Adv.* — (he)rum

rümeläadje — (he)rumgelegen

rümesliitce — (he)rumschleichen

rümhantiiet — rumhantiert

Run — Runde

runá *Adv.* — runter

runákaume — runtergekommen

rup *Adv.* — rauf

Ruun — Runde

sha — soll

Shaf — Schrank

shaft — schafft

Shätc — Scheck

shaude — schaden

Shauewaatces — Scharwerker, Gutsarbeiter

shaumt — schäumt (vor Wut)

Shauptces — Schäfchen

Shaxt — Schacht

Shiuá — Schauer

Shlus — Schluß

shoalt — stark regnen, spülen

shöö *Adj.* — schön

shreewe — schrieben

Shrift — Schrift

shriiwe — schreiben

shrîdje — schreien

shu — sollte

shüüed *Part.* — gescheuert

Shüün — Scheune

sla — schlage

slächt *Adj.* — schlecht

Släde — Schlitten

Slaif — Kochlöffel

slaip + — schlief

slaipe — schliefen

slauge *Part.* — geschlagen

Slaup — Schlaf
slaupe+ — schlafen
Slaupmüts — Schlafmütze
Sliidj — Schleie
sliitct — schleicht
Slimst — Schlimmste
slooge — schlugen
slöpt — schläft
smeet — schmiss
smiit — schmeiß
smiite — schmeißen
smöalde — rauchten, qualmten
snapt — schnappt
snîdjed — schneien
Snee — Schnee
Sniidá — Schneider
sniidre — schneidern
Spätc — Speck
speecht Part. — gespieen
Spiitaukel — Spektakel
Spiitce — Speichen
Spirtus — Spiritus
Spitsbiuw — Spitzbube
sta+ — steh!
Staat — Schwanz
Stäawel — Stiefel
Stal — Stall
Stälmauká — Stellmacher
stälmauked — stellmachert
stält — stellt
stamd — stammte
stanget — mit den
   Beinen strampeln
staue+ — stehen
stäale — stehlen

staule Part. — gestohlen
stêt+ — steht
Steul — Stuhl
Stichlindj — Stichling
stil Adj. — still
stitct daip — steckt tief
stitct floot — steckt flach
stoabd — stoppte
stuawe Part. — gestorben
Stütc — Stück
Stütctce — Stückchen
Stun — Stunde
stvn — stände
swaat Adj. — schwarz
Swästá — Schwester
swaue Adj. — schwer
swiinelt — schwindelt
t ⇒ dat — es
täale — zählen
täo Präp. mit Dat. — zu
Tash — Tasche
taufelt Part. — getafelt (gegessen)
tc — schwache Form: itc
tcänt — kennt
tce:e Pron. — kein, keiner
Tceel — Kerl
Tceels — Kerle
tceem+ — kam
tceeme+ — kamen
tceen Pron. — keine
tceene Pron. — keinen
tceetc ...aa — guckt ...an
Tcîná — Kinder
Tcînálüüd — Kinderleut
Tcînáspäal — Kinderspiel

Tcînt — Kind
Tcînárîje — Kindereien
tciitc — guck
tciitce — gucken
tciitct — guckt
Tcirch — Kirche
Tcleedá — Kleider
tcreech — kriegte
tcreedje — kriegten, bekamen
tcleen *Adj.* — klein
Tcoödj — Kühe
tcööpe+ — kaufen
Tcöstá — Küster
tcräadje *Part.* — gekriegt
Tcröödjá — Krüger, Gastwirt
tcümt+ — kommt
Teetcnung — Zeichnung
Tiid — Zeit
Tiide — Zeiten
tiitc *Adj.* — zeitig, früh
Top — Topf
toiw — warte!
toiwe — warten
Toonbintc — Theke
totet — »geredet«
trächt *Adj.* — fertig
trätct — zieht
trüdj *Adv.* — zurück
truk — zog
truke — zogen
Tsêremondjäl — Zermoniell
tu *Präp. mit Dat.* — zu
tu Frakziide — zum Schabernack
Tüfle — Kartoffeln
tufräade — zufrieden

Tüftceoost — Kartoffelrnte
tukt — leicht anschlagen
tum — zum
tüshedöa — zwischendurch
twäalw *Num.* — zwölf
twee *Num.* — zwei
tweed *Num.* — zweite
twinsh *Num.* — zwanzig
u *Konj.* — und
uanüt *Adj.* — unnütz
uaz *Pron.* — unser
uaze *Pron.* — unsere, unseren
uazem *Pron.* — unserem
Uiwá — Ufer
uk *Konj.* — auch
Uklidj — Uklei (kleiner Fisch)
ul *Adj.* — alte
ule *Adj.* — alten
Ulsh – Alte
Ulshebastá — Schafskopf
ülst *Adj.* — älteste
ult *Adj.* — alt
um *Präp.* — auf dem
üm *Präp. mit Akk.* — um
ümá *Adv.* — immer
ümáhän *Adv.* — immerhin
unádjin — untergehen
unákrupe — unterkriechen
up *Präp.* — auf
updöcht — aufgetaut
upkaume — aufgekommen
upwaamde — aufwärmten
us *Pron.* — uns
vnen *Adv.* — unten
w ⇒ wî

waade+ — werden

waame — warme

waat+ — wird

wä *Konj.* — wenn

wäa *Pron.* — wer

Wäadá — Wetter

Wäatc — Woche

Wäatce — Wochen

wäatclich *Adj.* — wirklich

Wäaz — Wiese

wäaze ka — kann sein

wädá *Adv.* — wieder

waraftidj — wahrhaftig

was+ — war

wäs+ — sei!

wase — wachsen

wäst+ — seid!

wät+ — weiß

wätst+ — weißt

wat *Pron.* — was

waue *Adj.* — wahr

wauende — wohnten

Wauge — Wagen

Waugeraad — Wagenrad

Wautá — Wasser

we:e+ — war, wäre

weere+ — waren, wären

weet djî+ — wisst ihr?

weez — wies, zeigte

wê *Adj.* — weh

wi+ — will

wi djî — wollt ihr?

wî *Pron.* — wir

wiidá *Adv.* — weiter

Wiie — Wein

Wiil — Weile

wiil *Konj.* — weil

Wile — Willen

Wiinaxte — Weihnachten

wiize — zeigen

wind — wandte

Wîntá — Winter

wist+ — willst

wit *Adj.* — weiß

wo *Adv.* — wohl

Wöam — Würmer

Woast — Wurst

Woat — Wort

woo *fragend* — wo

wu *fragend* — wie

wu+ — wollte

wuad+ — wurde

wuade+ — worden

wu fäal — wie viel?

wule+ — wollten

wun *fragend* — welche

wune:e *Adv.* — wann

wüade+ — wurden, würden

Wuast — Wurst

wüazd+ — wusste

Wup — schnelle Bewegung

z ⇒ zai

za+ — soll

zäad+ — sagte

zäade+ — sagten

zäate+ *Part.* — gesessen

zäch+ — sag!, sage

zächt+ — sagt

zädje+ — sagen

zai *Pron. f. Pl. Nom.* — sie

zast⁺ — sollst

Zaumá — Sommer

Zauq — Säge

zax⁺ — sah

zaxt *Adj.* — sanft, leise

ze ⇒ zai

ze:e *Adv.* — sehr

Zee — See

Zeep — Seife

zeet⁺ — saß

zeete⁺ — saßen

Ziid — Seite

ziiedauq — alle Tage

ziin *Pron.* — seine

ziine *Pron.* — seine

zin⁺ — sind

zit⁺ — sitzt

zitc *Pron.* — sich

zite⁺ — sitzen

zoidjd — suchte

Zola — Solo beim Kartenspiel

zoon *Pron.* — solch

zöná *Adj.* — lauter

zös *Num.* — sechs

zöste *Num.* — sechste

zöstidje *Num.* — sechzigsten

zô *Adv.* | *Pron.* — so

zôn *Pron.* — solche

zôwat — so etwas

zu⁺ — sollte

Zult — Salz

zulten — Salz-

zultne *Adj.* — gezalzenen

zülwá *Pron.* — selber

zülwstdjimaukte —
   selbstgemachter

zün⁺ — sind

zune *Pron.* — solchen

züs, züste *Adv.* — sonst

Zvndaax — Sonntag

zvt⁺ — sieht

Hochsprache — Platt

Einige Wörter der sieben Geschichten werden hier wiederholt. Dazu kommen noch Wörter aus anderen Quellen.

aber — ma

alle — ale

anderen — anede

anders — anes

aus — iut

barfuß — baaft

bloß — bloot

damals — dun

dann — dän

das — dat

der — dai

die — dai

dort — daue

draußen — biutem

drei — drai

du — diu

durch — döa
drei — drai
dreizehn — drütêdje
eine — an
er — hai
fünf — fiif
fünfzehn — fäftêdje
für — fo
genug — näox
gestern— djistán
heute — hvt
ich — itc
ihr — djî
in — i
ja — dja
man — má
mehr — me:e
neun — näadje
nicht — ni
nichts — nvsht
nur — bloot
oben — bauwen
ohne — aun
schon — al
sechs — zös
sein — ziie
sie *Sg.* — zai
sie *Pl.* — zai
sieben — zöawen
sonst — züs
über — oawá
um — üm
und — u
vier — faie
von — fa

vor — foa
was — wat
wer — wäa
wir — wî
zu — tu
zum Schabernack — tu Frakziide
zehn — tädjen
zwei — twee
zwölf — twäalw

Adjektive
alt — ult
besser — bäatá
braun — briun
dick — ditc
dul — toll
gelb — djäal
groß — groot
größer — djröötá
gut — gäot
hoch — hoox
kalt — kult
kurz — koat
lahm — laum
lang — lang
laut — liut
lieb — laif
müde — moid
nat — naß
rein — rêje
rot — root
sanft, behutsam — zacht
sauer — zuuá
schlecht — slächt
schwarz — swaat
schwer — swaue

toll — dul
trocken — drööch
viel — fäal
voll — ful
warm — waam

Substantive
Abend — Auwed
Abfahrt — Affauet
Achsen — Ase
Affe — Aup
Alte — Ulsh
Andrang — Adrang
Angel — Angel
Angelei — Angeliidj
Angelschacht — Angelshaxt
Angelstelle — Angelstäl
Apfel — Apel
Apotheke — Apteetc
Arbeit — Aabêt
Arztrechnungen — Doktá-
   rächnunge
Aufgabe — Upgauf
Bäcker — Bätce
Bank — Bintc
Bauer — Biuá
Bauern — Biure
Barchent — Parcham
Bauernhof — Biurehof
Begleiter — Bijlaitá
Begleitperson — Bijlaitpázoon
Bekannte — Bikane
Beleuchtung — Beloichtung
Bild — Bilt
Biss — Bis
Blatt — Blat

Blätter — Bläadá
Brücke — Brüdj
Bruder — Bräodá
Bülte — Bvlt
Bunde — Bun
Bürste — Böast
Busch — Bush
Dienste — Diinste
Donner — Duná
Dorf — Döap
Durst — Döast
Eimer — Ämá
Einspänner — Eenspiná
Erbse — Aaft
Erde — Eed
Ergebnis — Ajeebnis
Feld — Filt
Felder — File
Ferkel — Faatcen
Fisch — Fish
Flasche — Flash
Fleisch — Fleesh
Frau — Frûq
Frost — Frost
Frühstück — Friustütc
Fuchs — Fos
Fuhrmäntel — Foiámäntel
Füße — Foit
Gänserich — Djintá
Gegend — Djädjent
Gelegenheit — Djîläadjenheet
Geld — Djilt
Geschichte — Djishicht
Gesellschaft — Jezälshaft
Gliederreißen — Jliidáriitet

Glück — Djlütc

Groschen — Dütje

Grütze — Djrüt

Haus — Hius

Häuser — Hüüzá

Hecht — Häatct

Herz — Haat

Hitze — Hit

Hof — Hof

Honig — Honch

hören— hööre

Hucke, Kiepe — Huk

Hund — Hunt

Jahr — Djaue

Kälte — Tcül

Kammer — Kaumá

Karpfen — Kaape

Kartoffeln — Tüfle

Kartoffelernte — Tüftceoost

Kate — Kaute

Katze — Kat

Kauf — Koop

Kerl — Tceel

Kessel — Tcäatel

Keule — Tcüül

Kind — Tcînt

Kissen — Tcüse

Klagen — Klauge

Knubbelbarsche — Knubelbees

Kohlen — Kaule

Kopf — Kop

Köpfe — Tcöp

Korb — Koaf

Kranken — Kranke

Krauge — Kragen

Kreuz — Tcrvts

Krüger, Gastwirt — Tcröödje

Kuchen — Käoke

Land — Lant

Landwege — Landweech

Länge — Lin

Lappen — Lape

Leiden — Liide

Leute — Lüüd

Maul — Flab

Maus — Mius

Mensch — Miash

Milch — Mäaltc

Mutter — Mutá

Nachbarn — Naubes

Nacht — Naxt

Napf — Nap

Ochse — Os

Ofen — Auwe

Ohren — Oore

Ökelname — Ötcelnaume

Petroleum — Pätrool

Pfeffer — Päapá

Pferd — Peed

Pferdedecke — Peeddätc

Puch — Deckbett

Quirl — Tcwaadel

Rad — Raad

Räucherkammer — Röötcákamá

Ratschläge — Rautshläach

Riegel — Riijel

Regenschirm — Rääjeshiam

Reise — Reez

Roggen — Roge

Sack — Zak

Säcke — Zätc

Sackleinen — Zakliine

Salz — Zult

Scharwerker, Gutsarbeiter
— Shauewaatces

Schauer — Shiuá

Scheune — Shüün

Schirm — Shiám

Schlafmütze — Slaupmüts

Schleie — Sliidj

Schnee — Snee

Schneider — Sniidá

Schrank — Shaf

Schulter — Shûlá

Schürze — Shöat

Schwanz — Staat

Schweineschmalz — Swiiesmult

Schwester — Swästá

Sicherheit — Zicháheet

Silber — Zülwá

Sitzgelegenheit — Zitjeläjeheet

Sommer — Zaumá

Sonnabend — Zvnauwet

Sonne — Zun

Spankorb — Lish

Spitzbube, Dieb — Spitsbiuw

Spreu (vom Getreide) — Kaf

Stall — Stal

Stellmacher — Stälmauká

Stiefel — Stäawel

Stoffreste — Stoflape

Strumpf — Struamp

Strümpfe — Strüamp

Stück — Stütc

Stunden — Stune

Sturmlaterne — Stoamlatärn

Swiiestal — Schweinestall

Tage — Dauq

Tiefe — Daipe

Tisch — Dish

Tochter — Doxtá

Tränkrinne — Kum

Traum — Droom

Tücher — Doitcá

Ufer — Uiwá

Uhr — Klok

Umkreis — Umkrais

Untersuchung — Unázoitcung

Vögel — Föajel

Wagen — Wauge

Wasser — Wautá

Wartezeit — Waatetiid

Wetter — Wäadá

Wiese — Wäaz

Woche — Wäatc

Wort — Woat

Wolf — Wulf

Wruken— Fruke

Wurm — Woam

Ziege — Tsäadj

Ziel — Tsiil ^{F}

Zwischenfälle — Twishenfäl ^{F}

Verben

annehmen — anäame

bauen — bûqe

biegen — böödje

bieten — baide

bleiben — bliiwe

blühen — bloidje

brechen — bräatce

denken — dîntce

ertrinken — fázûpe

essen — äate

fahren — foire

fallen — fale

fliegen — flaidje

fragen — frauge

gefallen — djefale

gehen — gaue

gewinnen — wine

gießen — djaite

graben — grauwe

gucken — tcîtce

graben — grauwe

haben — häbe

halten — hôle

heißen — haite

holen — haule

hüten — hoide

kommnen — kaume

kriechen — krûpe

lassen — laute

lecken — litce

leiden — liide

liegen — lidje

lügen — laidje

machen — mauke

mahlen — maule

müssen — moite

nehmen — näame

rannschleichen — ranesliitce

rausgucken — riutetciitce

reden — räade

reißen — rîte

rennen — röne

sagen — zädje

saufen — zûpe

schieben — shuuwe

schimpfen — shiimpe

schlafen — slaupe

schmeißen — smîte

schneidern — sniidre

schrauben — shruuwe

schreiben — shriiwe

schwindeln — swiineln

schwören — swäare

sehen — zaie

sein — wäaze

sitzen — zite

sollen — zule

spinnen — spine

stehen — staue

sterben — staawe

stoßen — stööte

suchen — zoitce

tragen — drauge

treiben — driiwe

trinken — drîntce

tun — däoe

vergessen — fádjäate

verkaufen — fátcööpe

wachsen — wase

warten — toiwe

wollen — wule

zwingen — twînye

Grammatik

Artikel

der	das	die	die
dai, d	*dat, t*	*dai, d*	*dai*

den	das	die	die
dä, de	*dat, t*	*dai*	*dai*

dem	dem	der	den
däm, m	*däm, m*	*däa, de*	*däa*

ein	ein	eine	
e:e	*e:e*	*een*	

einen	ein	eine	
eene, ne	*e:e*	*een*	

einem	einem	einer	
eenem, eem	*eenem, eem*	*e:ne*	

kein	kein	keine	keine
tce:e	*tce:e*	*tceen*	*tceen*

keinen	kein	keine	keine
tceene	*tce:e*	*tceen*	*tceen*

keinem	keinem	keiner	keinen
tceenem	*tceenem*	*tce:e*	*tceene*

Im Alltagsgespräch kürzt man die Formen.
Beim Dativ: mit dem Knochen – *mät m Knauke* | in der Luft – *i de Luft* | aus einem Dorf – *iut eem Döap*

Beim Akkusativ: vor das Dorf gebracht – *foa t Döap broxt* | dort haben sie gerade einen Toten getragen – *daue häbe z graud ne Doode drauge*

Grammatik

Pronomen

Die Personalpronomen

ich	*itc*	mir	*mî*	mich	*mî*
du	*diu*	dir	*dî*	dich	*dî*
er	*hai*	ihm	*äm*	ihn	*nen, n*
sie	*zai*	ihr	*ä*	sie	*zai*
es	*dat*	ihm	*äm*	es	*äm*
wir	*wî*	uns	*us*	uns	*us*
ihr	*djî*	euch	*djû*	euch	*djû*
sie	*zai*	ihnen	*ä*	sie	*ä*
		sich	*zitc*	sich	*zitc*

Die Possesivpronomen

	Sniidá	Tcînt	Doxtá	Tcîná
mein	*miie*	*miie*	*miin*	*miin*
meinen	*miine*	*miie*	*miin*	*miin*
meinem	*miinem*	*miinm*	*miine*	*miine*
dein	*diie*	*diie*	*diin*	*diin*
sein	*ziie*	*ziie*	*ziin*	*ziin*
unser	*uaz*	*uaz*	*uaz*	*uaz*
unseren	*uaze*	*uaz*	*uaz*	*uaz*
unserem	*uazem*	*uazem*	*uaze*	*uaze*
euer	*djûq*	*djûq*	*djûq*	*djûq*
ihr	*äa(e)*	*äa(e)*	*äan*	*äan*
ihren	*äane*	*äan*	*äan*	*äan*
ihrem	*äanem*	*äanem*	*äane*	*äane*

Indefinitpronomen

all – *al* │ einer – *e:e* │ keiner – *tce:e* │ man – *má* │ nichts – *nvsht*

Fragewörter

wann – *wune:e* │ was – *wat* │ welche – wun │ wer – *wäa* │ wem – *wäm* │ wen – *wäm* │ wie – *wu* │ wo – *woo*

Einige Verben

Alle Personen der Mehrzahl (wî, djî, zai) haben die selben Verbendungen. Somit beschreibt dieses Muster die Verben vollständig.

Die Verben sind hier auf zwei Gruppen verteilt; ohne auf feinere Unterscheidungen zu achten. Die sogenannten »starken Verben« haben beim Partizip Präteritum die Endung -e; die »schwachen Verben« haben -t.

Infinitiv: (**Hochdeutsch**) — (Platt)			
Präsens	Imperativ	Präteritum	Partizip

	Präsens	Imperativ	Präteritum	Partizip
itc	. . .	—	. . .	—
diu	. . .	Singular	. . .	—
hai	. . .	Plural	. . .	—
wî	. . .	(Frage des Präsens)	. . .	(Frage d. Präteritums)

Starke Verben			Partizipendung **-e**

bleiben — bliiwe			
itc	bliiw		bleef	bläawe
diu	blifst	bliiw!	bleefst	
hai	blift	bliift!	bleef	
wî	bliiwe		bleewe	

brechen — bräatce

itc	bräatc		brak	brauke
diu	brätcst	bräatc!	breetcst	
hai	brätct	bräatct!	brak	
wî	bräatce		breetce	

essen — äate

itc	äat		at	djäate
diu	ätst	ät!	eetst	
hai	ät	äatet!	at	
wî	äate		eete	

geben — djäawe

itc	djäaw		gaf	djäawe
diu	djifst	djif!	djeefst	
hai	djift	djäawt!	gaf	
wî	djäawe		djeewe	

gehen — gaue

itc	ga		djîntc	gaue
diu	djêst	ga!	djînyst	
hai	djêt	djêt!	djîntc	
wî	gaue	ga w?	djînye	

halten — hôle

itc	hô		hail	hôle
diu	hølst	hôl!	hailst	
hai	hølt	hôlt!	hail	
wî	hôle		haile	

heißen — haite

itc	hait		hait	haite
diu	hitst	hait!	haitst	
hai	hit	haitt!	hait	
wî	haite		haite	

kommem — kaume

itc	kaum		tceem, kam	kaume
diu	tcümst	kum!	tceemst	
hai	tcümt	kaumt!	tceem, kam	
wî	kaume		tceeme	

lassen — laute

itc	laut		lait	laute
diu	lätst	laut!	laitst	
hai	lät	lautet!	lait	
wî	laute		laite	

liegen — lidje

itc	lich		lax	lädje
diu	lichst	lich!	leechst	
hai	licht	licht!	lax	
wî	lidje		leedje	

nehmen — näame

itc	näam		nam	naume
diu	nimst	näam!	neemst	
hai	nimt	näamt!	nam	
wî	näame		neeme	

schlafen — slaupe

itc	slaup		slaip	slaupe
diu	slöpst	slaup!	slaipst	
hai	slöpt	slaupt!	slaipt	
wî	slaupe		slaipe	

sehen — zaie

itc	zai		zax	zaie
diu	zvst	zîch!	zeechst	
hai	zvt	zîcht!	zax	
wî	zaie		zeedje	

singen — zînye

itc	zîny		zûnk	zûnge
diu	zînyst	zîny!	zvnyst	
hai	zînyt	zînyt!	zûnk	
wî	zînye		zvnye	

sitzen — zite

itc	zit		zeet	zäate
diu	zitst	zit!	zeetst	
hai	zit	zitt!	zeet	
wî	zite		zeete	

sollen — zule

itc	za (sha)		zu (shu)	( )
diu	zast		zust	
hai	za		zu	
wî	zöale	zoa wî?	zule	zu wî? zu djî?

stehen — staue

itc	sta		stûn, stvn	staue
diu	stêst	sta!	stvnst	
hai	stêt	stêt!	stûn, stvn	
wî	staue		stvne	

tun — däoe

itc	däo		deed	daue
diu	dêst	däo!	deedzd	
hai	dêt	däot!	deed	
wî	däoe	däo djî?	deede	

vergessen — fádjäate

itc	fádjäat		fágat	fádjäate
diu	fádjätst	fádjäat!	fádjeetst	
hai	fádjät	fádjäatet!	fágat	
wî	fádjäate		fádjeete	

werden — waade

itc	waa		wuad (üa)	wuade
diu	waast	waad!	wüast	
hai	waat	waadt!	wuad (üa)	
wî	waade	waa wî	wüade	

wollen — wile

itc	wi		wu	( )
diu	wist		wust	
hai	wi		wu	
wî	wile		wule	

zwingen — twînye

itc	twîny		twûnk	twûnge
diu	twînyst	twîny!	twvnyst	
hai	twînyt	twînyt!	twûnk	
wî	twînye		twvnye	

Schwache Verben Partizipendung **-t**

denken — dîntce

itc	dîntc		doqd	doxt
diu	dîntcst	dîntc!	döadjzd	
hai	dîntct	dîntct!	doqd	
wî	dîntce		döadjde	

glauben — lööwe

itc	lööw		lööwd	lööft
diu	lööfst	lööw!	lööwzd	
hai	lööft	lööft!	lööwd	
wî	lööwe		lööwde	

haben — häbe

itc	häb		had	hadt
diu	häst	häb!	hadzd	
hai	hät	häbt!	had	
wî	häbe	hä wî? - djî?	hade	

holen — haule

itc	haul		hauld	hault
diu	haulst	haul!	hauldzd	
hai	hault	hault!	hauld	
wî	haule		haulde	

kaufen — tcööpe

itc	tcööp		kowd	koft
diu	tcööpst	tcööp!	tcööwzd	
hai	tcööpt	tcööpt!	kowd	
wî	tcööpe		tcööwde	

können — tcöane

itc	ka		kun	kunt
diu	kast		kunst	
hai	ka		kun	
wî	tcöane	koa-wî? – djî?	kune	ku-wî? – djî?

legen — lädje

itc	läch		läad	lächt
diu	lächst	läch!	läadst	
hai	lächt	lächt!	läad	
wî	lädje		läade	

machen — mauke

itc	mauk		mook	maukt
diu	mötcst	mauk!	moitcst	
hai	mötct	maukt!	mook	
wî	mauke		moitce	

müssen — moite

itc	mut		müazd	müst
diu	mutst		müazzd	
hai	mut		müazd	
wî	moite		müazde	

sagen — zädje

itc	zäch		zäad	zächt
diu	zächst	zäch! zächt!	zäadst	
hai	zächt		zäad	
wî	zädje		zäade	

sein — wäaze

itc	bü		was, we:e	wäst
diu	büst	wäs!	wast, weest	
hai	is	wäast!	was, we:e	
wî	zün, zin		weere	

wissen — weete

itc	weet	wüazd	wüst
diu	wätst	wüazzd	
hai	wät	wüazd	
wî	weete	wüazde	

Einige Adjektive

Eigenschaften können verglichen werden. Das Adjektiv kennt zwei Vergleichsstufen.

	Positiv	Komparativ	Superlativ
groß	*groot*	*djröötá*	*djröötst*
gut	*gäot*	*bäatá*	*bäst*
hoch	*hoox*	*hööjá*	*hööchst*
klein	*lütc*	*lütcá*	*lütcst*
viel	*fäal*	*me:e*	*meest*

Einige Adverbien

bald	*bul*	bloß	*bloot*	dort	*daue*
ganz	*gants*	gestern	*djistán*	gleich	*foots*
heute	*hvt*	mehr	*me:e*	morgen	*moadje*
recht	*rächt*	schon	*al*	sehr	*ze:e*
unten	*vnen*	weh	*wê*	wieder	*wädá*

Einige Substantive

der Balken	*Baltce – Baltcen*	der Bauer	*Biuá – Biure*
der Baum	*Boom – Bööm*	das Dorf	*Döap – Döapá*
der Freund	*Frvnt – Frvn*	das Herz	*Haat – Haaten*
das Kind	*Tcînt – Tcîná*	der Korb	*Koaf – Tcöaw*
der Kopf	*Kop – Tcöp*	die Kuh	*Kau – Tcoödj*
das Schaf	*Shaup – Shaup*	der Tag	*Daax – Dauq*
die Tochter	*Doxtá – Döchtá*	die Woche	*Wäatc – Wäatce*

Anmerkungen

Um den Text schlank zu halten, werden Erläuterungen zu gewissen Themen an das Ende des Buches ausgelagert.

Anmerkung 1   Wie die »Bremer Schreibung« [Lit. 1, 36-42] schreibe ich die langen Vokale mit zwei Buchstaben. Die langen, offenen Vokale haben nach dem Buchstaben, der den Lautcharakter bezeichnet, ein ⟨a⟩. Die geschlossenen Vokale werden mit Doppelbuchstaben geschrieben. Auch die Zwielaute werden mit zwei Buchstaben geschrieben. Der erste Buchstabe gibt den Anfangslaut der Gleitbewegung an, der zweite deutet den Endlaut an.
Der stimmlose Laut [f] wird immer mit ⟨f⟩ geschrieben, und für den stimmhaften Laut [v] wird ⟨w⟩ verwendet. Die ich- und ach-Laute werden unterschieden; ich – [ç] und ach – [x].

Anmerkung 2   Die Klammern werden eingesetzt für:
[...]   Zeichen des Internationalen Phonetischen Alphabets,
⟨...⟩   die Buchstaben des deutschen Alphabets,
{...}   Textteile in Schlochauer Schreibung.

Anmerkung 3   Ich vermute, dass die Erwähnung der *Koschneiderei* bei Fritz Tita und bei Eduard Koerth auf die Veröffentlichung von Frau Maria Semrau zurückgeht. Bei Eduard Koerth hat man den Eindruck, dass bei ihm der Ausdruck *Koschneidersch* nicht nur die Koschneiderei selbst meint.

Anmerkung 4   Das Zeichen [ʃ] steht im *International Phonetic Alphabet* für den Laut, den wir im Wort Schule mit den drei Buchstaben ⟨ s c h ⟩ schreiben.

Im Jahre 1886 gründete eine kleine Gruppe von Sprachlehrern in Frankreich, die die Phonetik [Lit. 7, 158] hilfreich für ihre Arbeit ansahen, die *Association Phonétique*. Schon im Gründungsjahr war die Vereinigung international besetzt. Der Däne Otto Jespersen trug die Idee vor, ein phonetisches Alphabet aufzustellen. Die erste Version des Internationalen Phonetischen Alphabets (IPA) wurde im August 1888 veröffentlicht. Die Gesellschaft hat ihren Sitz heute in London.

Anmerkung 5 Im Computer können Texte, Zahlen, Musik und Bilder gespeichert werden. Die Speicherung geschieht in adressierbaren Portionen; (einem Byte) von 8 Bit Länge. Das Bit kann nur den Wert (1) oder (0) annehmen.

Die Bedeutung einer Portion bestimmt der Benutzer. Es gibt keine Angaben im Byte selbst über die Art des Inhaltes. In Deutschland werden Texte nach den Vorgaben in der Tabelle ISO-8859-1 gespeichert. In Polen wird ISO-8859-2 benutzt. Ein ⟨Ä⟩ wird nach ISO-8859-1 als Bitfolge (11000100) gespeichert. ISO ist die Abkürzung für International Standards Organization. Im Jahre 1946 wurde diese Normungsgemeinschaft gegründet. Sie hat ihren Sitz in Genf. Die USA ist durch das American National Standards Institute (ANSI) vertreten; Deutschland durch das Deutsche Institut für Normung (DIN).

Platz	Kürzel	Zeichen	Platz	Kürzel	Zeichen
			223	ß	ß
193	&Aacute	Á	225	&aacute	á
196	Ä	Ä	228	ä	ä
202	Ê	Ê	234	ê	ê
206	Î	Î	238	î	î
212	Ô	Ô	244	ô	ô
214	Ö	Ö	246	ö	ö
216	Ø	Ø	248	ø	ø
219	Û	Û	251	û	û
220	Ü	Ü	252	ü	ü

Tabelle 4: Sonderzeichen (Auszug aus ISO-8859-1)

Diese Norm hat einen Umfang von 256 Zeichen. Die ersten 128 Positionen entsprechen dem 7 Bit ASCII Zeichensatz. Die reinen lateinischen Buchstaben sind darin enthalten. Sie können in der **Hyper Text Mark-up Language** (HTML) direkt eingegeben werden. HTML ist die Sprache, die die Übertragung und Darstellung von Seiten im World Wide Web ermöglicht. In ISO-8859-1 sind auf den Positionen 196 bis 252 die Zeichen (Ä) bis (ü) eingeordnet. Diese Sonderzeichen werden in

HTML als Kürzel eingegeben.

Anmerkung 6

Georg Wenker (1852-1911) versandte 1876 einen Fragebogen mit 42 Sätzen an die Schulen im Rheinland, die er mit Hilfe der Lehrer in die jeweiligen Ortsdialekte übersetzen ließ. Die Ergebnisse trägt er in Karten ein. Sein Ziel ist, die Dialektgrenzen festzustellen.

Im Jahre 1879 empfiehlt er als Bibliothekar der Universitätsbibliothek Marburg, die Erfassung auf ganz Preußen auszudehnen. Er erhält Unterstützung. Dann im Jahre 1887 werden die Befragungen im gesamten Deutschen Reich vorgenommen. Seine ursprünglichen Abfragesätze verändert er.

Anmerkung 7

Müsste es hier nicht statt {... al up we:e} besser {... al up was} heißen? In der nächsten Geschichte steht doch: {... dun was i} — damals war in Förstnau. Allerdings gefolgt von {we:e Stälmauká wäst} — war Stellmacher gewesen.

Im Niederdeutschen gibt es Reste eigenständiger Möglichkeitsformen. Aber meist wird der Konjunktiv durch die Präteritumform des Indikativs ausgedrückt. Frau Semrau hat in der Koschneiderei eine eigene Form beim Verb ⟨sein⟩ festgestellt; ist mit Opt. abgekürzt (Optativ).

<table>
<tr><td colspan="2" align="center">Präteritum</td><td colspan="2"></td></tr>
<tr><td colspan="2" align="center">Indikativ</td><td colspan="2" align="center">Konjunktiv</td></tr>
<tr><td>ich</td><td>war</td><td>ich</td><td>wäre</td></tr>
<tr><td>du</td><td>warst</td><td>du</td><td>wärst</td></tr>
<tr><td>er, sie, es</td><td>war</td><td>er, sie, es</td><td>wäre</td></tr>
<tr><td>wir</td><td>waren</td><td>wir</td><td>wären</td></tr>
<tr><td>Koschneiderei</td><td></td><td colspan="2" align="center">Optativ</td></tr>
<tr><td>itc</td><td>was</td><td>itc</td><td>we:e</td></tr>
<tr><td>diu</td><td>weesht</td><td>diu</td><td>weesht</td></tr>
<tr><td>hai, zai, dat</td><td>was</td><td>hai, zai, dat</td><td>we:e</td></tr>
<tr><td>wî</td><td>weere</td><td>wî</td><td>weere</td></tr>
</table>

Anmerkungen

In der »Niederdeutschen Grammatik« Lit. 1, 98 ist folgende Aussage zu finden:

Die als altertümlich geltenden Formen
ik was, du wast, he was, wi/ji/se wassen
sind im Ostfriesischen, Ostfälischen und in Teilen des
Westfälischen noch allgemein gebräuchlich, treten sonst
aber meist nur in der Literatur auf.

Zwei der vier Mundarten, beschrieben in »Plattdeutsche Mundarten« Lit. 15, 14f haben den Subjunktiv (Konjunktiv) ausgeschaltet bzw. ersetzt der Subjunktiv den Indikativ des Präteritums.

Also ersetzt {we:e} das altertümliche {was} — aber wohl nicht in jedem Fall?

Abkürzungen

Adj.	Adjektiv – Eigenschaftsw.	Adv.	Adverb – Umstandswort
Akk.	Akkusativ – Wenfall	Art.	Artikel – Geschlechtsw.
Dat.	Dativ – Wemfall	f.	Femininum – weiblich
Imp.	Imperativ – Befehlsform	Int.	Interjektion – Ausruf
Konj.	Konjunktion – Bindewort	m.	Maskulinum – männlich
n.	Neutrum – sächlich	Nom.	Nominativ – Werfall
Num.	Numerale – Zahlwort	Part.	Partizip – Mittelwort
Pl.	Plural – Mehrzahl	Präp.	Präpostion – Verhältnisw.
Pron.	Pronomen – Fürwort	Sg.	Singular – Einzahl
Subst.	Substantiv – Hauptwort	V.	Verb – Zeitwort

Literatur

1) **Niederdeutsche Grammatik** von Wolfgang Lindow · Dieter Möhn · Hermann Niebaum · Dieter Stellmacher · Hans Taubken · Jan Wirner – Verlag Schuster Leer, 1. Auflage 1998
ISBN 3-7963-0332-3

2) **Die Bublitzer Mundart** von Fritz Tita – im Band 56 der Deutschen Dialektgeographie – N. G. Elwert Verlag Marburg, 1965

3) **Grenzmark Posen-Westpreußen** Ein Heimatbuch von Franz Lüdtke – Verlag: Friedrich Brandstätter in Leipzig · 1927
(Ein Nachdruck des Deutsch Kroner Heimathaus in Bad Essen e. V. von 1990)

4) **Die Mundart der Koschneiderei** von Maria Semrau – Zeitschrift für Deutsche Mundarten, Jahrgang 1915 – Seite 143

5) **Das Telefonbuch. Deutschland Frühjahr 2005** eine CD-ROM der TVG Telefon- und Verzeichnisverlag GmbH & Co KG

6) **Neues Schlochauer u. Flatower Kreisblatt** erschien von 1953 bis 1970 in 211 Ausgaben

7) **Die Cambridge Enzyklopädie der Sprache** von David Crystal – bei Campus Verlag · Franfurt/New York, 1993
ISBN 3-593-34824-1

8) **SIEBS Deutsche Ausprache** Reine und gemäßigte Hochlautung mit Aussprachewörterbuch – Herausgegeben von Helmut de Booor, Hugo Moser und Christian Winkler – 19., umgearbeitete Auflage - Walter de Gruyter & Co. · 1969

9) **Großes Wörterbuch der deutschen Sprache** Herausgegeben von dem Kollektiv: Eva-Maria Krech, Eduard Kurka, Helmut Stelzig, Eberhard Stock, Ursula Stötzer und Rudi Teske unter Mitwirkung von Kurt Jung-Alsen – 1. Auflage - VEB Bibliographisches Institut Leipzig · 1982

10) **Phonologie des Deutschen** von Marthe Philipp
Urban-Taschenbücher Band 192 — Verlag W. Kohlhammer
Stuttgart Berlin Köln Mainz - 1974 ISBN 3-17-001322-X

11) **Gesprochenes Deutsch in der Altmark** von Helmut Schönfeld —
Untersuchungen und Texte zur Sprachschichtung und zur
sprachlichen Interferenz — AKADEMIE-VERLAG · BERLIN
1974

12) HÖMMA! Sprache im Ruhrgebiet   von Claus Sprick — und einem
grammatischen Nachwort von Klaus Birkenhauer · Ruhrgebiets-
Deutsch in 30 Regeln — Straelener Manuskripte Verlag · 1989
ISBN 3-89107-023-3

13) **Der Kreis Schlochau** Ein Buch aus preußisch-pommerscher Hei-
mat. — Erarbeit und zusammengestellt von Manfred Vollack und
Heinrich Lemke — mit 391 Abbildungen, Karten und Schaubil-
dern, sowie 2 Faltkarten — Herausgegeben vom Heimatkreisaus-
schuß Schlochau · Kiel 1974 ISBN 3-9800051-1-9

14) **Heimatbuch für den Kreis Flatow** herausgegeben vom Heimat-
kreisausschuß für den Kreis Flatow — Gifhorn · 1971

15) **Plattdeutsche Mundarten** von Dr. Hubert Grimme — Zweite,
durchgesehene Auflage — Walter de Gruyter & Co. · 1922

— + —

Auch in diese Bücher hier habe ich hineingeschaut. Und ich habe
aus ihnen gelernt.

16) **Einführung in die Phonetik** von Dr. Maria Schubiger — mit 23
Abbildungen — Sammlung Göschen Band 1217/1217a — Walter
de Gruyter & Co. · Berlin · 1970

17) **DUDEN Aussprachewörterbuch** Bearbeitet von Dozent Dr. Max
Mangold und der Dudenredaktion unter Leitung von Dr. phil. ha-
bil. Paul Grebe – Im Dudenverlag des Bibliographischen Instituts
· Mannheim · 1962

18) **Allgemeine und angewandte Phonetik** von Prof. Dr. Otto von Essen — Mit 33 Abbildungen — Akademie-Verlag · Berlin, 1953

19) **Kleines plattdeutsches Wörterbuch** nebst Regeln für die plattdeutsche Rechtschreibung — Zusammengestellt von Dr. Johannes Saß — VERLAG DER FEHRS-GILDE · HAMBURG
10. Auflage 1981 ISBN 3-87849000

20) **Kleines Hochdeutsch-Plattdeutsches Wörterbuch** von Hans W. Gondesen — Edition Fehrs-Gilde — KARL WACHHOLTZ VERLAG · Neumünster ISBN 3-529-04955-7

21) **Kleines Plattdeutsches Wörterbuch** — für den mecklenburgisch-vorpommerschen Sprachraum — von Renate Herrmann-Winter · Erschienen bei Hinstorff Rostock · 3. Auflage 1990
ISBN 3-356-00375-5

22) **Sprache in Bewegung** — Eine Deutsche Grammatik — von Herbert Genzmer · suhrkamp taschenbuch 2826 · Erste Auflage 1998 · ISBN 3-518-39326-X

23) **DUDEN Grammatik** — der deutschen Gegenwartssprache — Herausgegeben von der Dudenredaktion unter Leitung von Dr. phil. habil. Paul Grebe – Im Dudenverlag des Bibliographischen Instituts · Mannheim · 1959

— + —

Diese Bücher habe ich beim Schreiben der Buchrückseite benützt.

r1) **Der Kreis Schlochau** — siehe Nr. 13
Der Kaufvertag ... Seite 237

r2) **Geschichte der Stadt Schlochau** unter Benutzung ungedruckter alter Urkunden — bearbeitet von Carl Schulz — Schlochau 1882 - Druck und Verlag von Julius Hemml
Neu herausgebracht (Reprint) 1992
von Johannes Gurtzig

r3) **Ordenskomturei Schlochau** von Karl Kasiske
GRENZMARKFÜHRER Herausgegeben: · Erich Weise · Hans Jakob
Schmitz · Heimatblätter - Verlag · kein Datum

r4) **Geschichte der Kaschuben** Mit einer Karte von Pommerellen · 1926
Von Dr. F. Lorentz — Verlag von Reimar Hobbing in Berlin SW 61

r5) **Der Deutsche Ritterorden** von Dieter Zimmerling — Düsseldorf;
Wien; New York: ECON Verlag, 1988 — ISBN 3-430-19959-X

r6) **dtv-Atlas Weltgeschichte** Von den Anfängen bis zur Gegenwart
von Hermann Kinder/Werner Hilgemann — Deutscher Taschen-
buch Verlag · April 2000 ISBN 3-423-03000-3

r7) **Abriss der Altenglischen Grammatik** von Eduard Sievers
15. durchgesehene Auflage von Karl Brunner
Max Niemeyer Verlag Tübingen 1959

r8) **Die Germanischen Sprachen** von Claus Jürgen Hutterer
Ihre Geschichte in Grundzügen — Drei LiLien Verlag GmbH ·
Wiesbaden — 2. deutsche Auflage 1987 — Budapest 1975
ISBN 3-922383-52-1

r9) **Sehnsucht nach der Dobrinka** Roman von A. E. Johann
1988 by Langen-Müller in der F. A. Herbig Verlagsbuchhandlung
GmbH, München
Text der Buchrückseite:
A. E. Johann führt den Leser nach Westpreußen:
Sein Held Johann-Alfred Walkner erinnert sich oft mit Wehmut an
die kleine Stadt Preußisch Friedland, aus der er nach dem Zwei-
ten Weltkrieg vertrieben wurde.
Sehnsucht nach der Dobrinka ist gleichzeitig der Roman einer
Heimat und die Familiensaga eines Bürgergeschlechts durch sie-
ben Jahrhunderte. Der bedeutende Reiseschriftsteller A. E. Johann
bewährt sich hier wieder einmal als Romanautor, der Geschichte
und persönliche Schicksale anschaulich zu verknüpfen weiß.